POCH

SOYEZ SAVANTS,
DEVENEZ PROPHÈTES

DU MÊME AUTEUR
CHEZ ODILE JACOB

DE GEORGES CHARPAK

La Vie à fil tendu, avec Dominique Saudinos, 1993.
Feux follets et Champignons nucléaires, avec Richard L. Garwin, 1997, « Poches Odile Jacob », 2000.
Enfants, Chercheurs et Citoyens (sous la direction de), 1998.
Devenez sorciers, devenez savants, avec Henri Broch, 2002, « Poches Odile Jacob », 2003.
De Tchernobyl en Tchernobyls, avec Richard L. Garwin, 2005.

GEORGES CHARPAK
ROLAND OMNÈS

SOYEZ SAVANTS, DEVENEZ PROPHÈTES

Odile Jacob

poches

© ODILE JACOB, 2005, NOVEMBRE 2005
15, RUE SOUFFLOT, 75005 PARIS

www.odilejacob.fr

ISBN 2-7381-1676-0
ISSN : 1621-0654

Le Code de la propriété intellectuelle n'autorisant, aux termes de l'article L. 122-5, 2° et 3° a, d'une part, que les « copies ou reproductions strictement réservées à l'usage privé du copiste et non destinées à une utilisation collective » et, d'autre part, que les analyses et les courtes citations dans un but d'exemple et d'illustration, « toute représentation ou reproduction intégrale ou partielle faite sans le consentement de l'auteur ou de ses ayants droit ou ayants cause est illicite » (art. L. 122-4). Cette représentation ou reproduction, par quelque procédé que ce soit, constituerait donc une contrefaçon sanctionnée par les articles L. 335-2 et suivants du Code de la propriété intellectuelle.

À Dominique et Liliane
À nos petits-enfants

INTRODUCTION

Comprendre la science, n'est-ce que satisfaire une curiosité intellectuelle que certains disent même inutile à la culture ? Nous pensons au contraire que, faute de vraiment pénétrer la signification de la science, on ne peut rien comprendre du monde moderne autrement qu'en surface. Telle est l'idée de base de ce livre et sa raison d'être, en vue desquelles nous voudrions conduire le lecteur au cœur même de la science, classique ou contemporaine et, quant à la physique, aussi bien celle de Newton que celle d'Einstein et du monde quantique.

Il ne s'agit pas cependant d'enseigner un savoir, car nous visons à la fois beaucoup plus et beaucoup moins. Certes, comme physiciens de métier, nous savons un peu de science, mais nous voudrions surtout faire partager son sens au lecteur, plus que son contenu. Communiquer ce sens, tel que nous pouvons le comprendre et tel qu'il a guidé nos recherches, exige une ambition plus grande que la simple diffusion des connaissances. Cela mène inévitablement à s'interroger sur le sens de l'homme, celui du monde qu'il a construit et de l'Univers qu'il habite, en somme sur des questions qui furent celles de la philosophie depuis l'aurore grecque et de la religion depuis la nuit des temps.

Si ces questions redeviennent nouvelles, c'est du fait de la découverte au XXe siècle de lois de la nature d'une envergure immense, que nous exposerons d'abord. Nous ne le ferons pas comme des professeurs ou des auteurs d'encyclopédie, mais de l'intérieur, comme nous les avons vécues, comme une réalité grandiose en laquelle tout se concentre. Nous parlerons de ces lois si étranges qu'elles paraîtraient de vains rêves si elles n'étaient justement l'essence de tout ce qui est, le réel centre de la réalité.

Nous guiderons le lecteur à la rencontre des lois comme si elles habitaient un palais, à la manière de saint Augustin évoquant des palais de la mémoire. Un pareil procédé est inhabituel chez des scientifiques, tant il est plus proche des *Mille et Une Nuits* que d'un traité d'algèbre, mais il nous a paru propre à exprimer la vénération que les lois inspirent à ceux qui les approchent. C'est cette inoubliable impression que ce livre veut faire partager en expliquant pourquoi les lois de la nature sont transcendantes, en montrant que la science ne les invente ni ne les construit, mais qu'elle les découvre. Ceux qui savent quel sentiment inspire cette découverte et qui ont eu le bonheur de l'approcher y retrouvent presque exactement le sentiment que les croyants éprouvent comme celui du sacré.

Nous avons voulu nous comporter en guides afin de permettre à chacun de jeter un regard sur le spectacle des lois qui président à l'architecture du monde, un spectacle accessible à tous et que, pourtant, si peu distinguent, tant il éblouit.

Il nous est arrivé de préférer les mots du visionnaire à ceux du savant, en soupirant souvent de n'être pas poètes car il faudrait des semelles de vent ou un souffle hugolien pour dire ce que les formules abstraites de la science recèlent de poésie désirable.

Parce que nous voulions faire partager ce sentiment, si proche du sacré, qu'éprouvent ceux qui approchent les lois de la nature, nous nous sommes retrouvés sur les terres disputées par la philosophie et la religion. Aucune de ces deux prétendantes ne nous a paru cependant suffisamment robuste devant les perspectives actuelles ou les défis présents. L'affirmation peut sembler excessive et présomptueuse, et pourtant la philosophie nous déçoit par son aveuglement devant les lois de la nature et l'enchantement du monde qu'elles accomplissent. En revanche, si la religion, toute religion, reconnaît bien cette transcendance des lois, elle revendique d'en administrer, seule, le caractère sacré. Elle aussi les soumet à l'arbitraire d'une subjectivité, celle d'un Dieu fait trop souvent à l'image de l'homme. Par un paradoxe inattendu, le butin transcendant rapporté par la science offre plus de grandeur à la méditation qu'aucune tradition.

Il est temps que la signification de la science apparaisse vraiment, ou plutôt qu'apparaisse le sens de ce qu'elle rapporte d'au-delà de l'humain. Il est clair aussi qu'elle est loin de ne dispenser que des bienfaits et qu'elle n'a pas les mains propres dans les malheurs du monde. Un autre ordre du monde pourtant, dans un avenir imminent, ne peut venir que d'une sagesse où la science, ou plutôt ce qu'elle révèle, trouve sa véritable place. Nous espérons pouvoir montrer par ce livre qu'il ne s'agit pas là de vaines paroles, mais de réflexions évidentes dès qu'on en possède la clef.

Ne pouvant suivre nous-mêmes, et ne le cherchant pas, les multiples voies qui s'ouvrent à partir de ce point, nous nous restreindrons aux seules pour lesquelles nous ayons compétence, et qui participent à l'essentiel. L'essentiel, dans cette perspective, c'est d'abord la jeunesse ; c'est l'éducation. Rien n'est plus nécessaire que de donner aux jeunes celle dont ils ont besoin et qu'ils méritent, qui fera de leurs générations des hommes et des femmes libres, capables de comprendre eux-mêmes l'Univers qui les entoure et sa signification. Il le faut avant que des gourous, des marchands de vengeance, des adorateurs de légendes ou des illuminés aient le temps de s'emparer d'eux. Qu'ils aient au contraire des savants le vrai savoir et des prophètes la lucidité et l'action éclairée.

PREMIÈRE PARTIE

SCIENCE

Chapitre 1

SOUVENIRS DE GENÈSE

Nous percevons très mal ce qui s'écoule avec lenteur. Ainsi, les milliards d'années d'existence de la Terre et de l'Univers, ou les millions d'années de l'espèce humaine restent-ils des abstractions vagues pour beaucoup d'entre nous. Millions, milliards, on les mélange un peu, la durée d'une vie reste toujours l'unité de mesure du temps tel qu'on le perçoit.

Et voici maintenant, même à cette échelle, que l'histoire s'accélère. Tout évolue, le savoir-faire ne dure pas le temps d'une carrière et le monde se modifie sans cesse. Il y a les armes, les guerres, les soubresauts d'avant et d'après le colonialisme, la fin de l'URSS et l'évolution de la Chine. Il y a Internet, l'ordinateur, les médias, les transferts d'industries d'un continent à l'autre, la religion du communisme chassée par les missionnaires de la mondialisation, tandis que les adorateurs du folklore s'incrustent. L'histoire s'accélère, oui, c'est évident ! Comme il est évident que le développement des techniques y contribue bien plus que l'impact des idées.

Nous soutiendrons dans ce livre qu'il s'agit de rien de moins que d'une mutation. Toutes les causes qu'on en donne sont accessoires à l'exception d'une seule : l'apparition de la science voilà quatre siècles.

C'est la seconde fois qu'une mutation de cette envergure se produit. La précédente, la première, eut lieu au début du néolithique, voilà douze mille ans. Ne pouvant nous prétendre spécialistes d'un si lointain passé, nous nous contenterons de rappeler les faits dans ce premier chapitre sous forme d'une fable.

Révélations nouvelles sur l'âge paléolithique

Il y a longtemps, si longtemps qu'on peut dire qu'il était une fois un démiurge et sa compagne. « Un démiurge, qu'est-ce que c'est ? », demanderont certains, ou « Kekcékça ? » comme Gavroche sous la plume de Victor Hugo. À en croire les dictionnaires, les démiurges étaient des divinités secondaires dans la tradition platonicienne et l'un d'eux fut même élevé au rang de dieu du Mal et de créateur désastreux du monde par les cathares du Midi ! Nous croyons quant à nous que les démiurges sont des artisans que Dieu commandite pour qu'ils lui proposent des projets inédits, des mondes surprenants, des spectacles, des théorèmes ou des joyaux vivants, en somme tout ce qui peut distraire un Tout-Puissant. « Étonnez-moi, leur dit-il chaque fois qu'il préside un de leurs congrès, inventez encore quelque chose d'intelligent. »

Ces deux démiurges avaient jadis eu l'idée de l'homme. Le prototype qu'ils avaient alors proposé était séduisant

Calendrier universel

(Les dates données dans cette table ne se veulent qu'indicatives.)

– 14 milliards d'années	Naissance de l'Univers.
	300 000 ans plus tard : apparition des premiers atomes.
	Après encore environ 1 milliard d'années : les premières étoiles.
– 6 milliards	Formation du Soleil.
– 4,6 milliards	Formation de la planète Terre.
– 3,5 milliards	La vie est déjà présente sur la Terre.
– 65 millions	Disparition des dinosaures.
– 9 à – 7 millions	Les premiers hominidés, ancêtres lointains du gorille, du chimpanzé et de l'homme (*via* la lignée de l'australopithèque, de l'*Homo habilis*, l'*Homo ergaster* et l'*Homo sapiens*).
– 500000	*Homo ergaster* maîtrise le feu.
– 150000	*Homo sapiens* (conventionnellement, le début de l'époque paléolithique).
– 10000	Fin de la dernière période glaciaire. Début de l'époque néolithique. Première grande mutation de la société humaine.
– 3000	Débuts de l'écriture.
– 500	La philosophie, la logique, les mathématiques et de nombreux autres domaines de la pensée se précisent.
+ 1600	Débuts de la science expérimentale et de la seconde mutation de la société humaine.

— surtout dans sa version féminine —, la maquette ne manquait ni de grâce ni de finesse. « Il est à mon image et me ressemble, avait dit Dieu. Il me plaît. Je le crée. » Créer n'est pas facile quand on doit respecter les lois qu'on a promulguées soi-même et tenir compte de la jurisprudence accumulée pendant toute l'histoire du monde. Heureusement, Dieu est subtil, comme le dira son ami Einstein — un démiurge aussi, celui-là —, et, en goupillant, recollant et mutant quelques gènes de singe, il mit le projet d'homme sur la chaîne de production. Il y a des millions d'années de cela et l'on discute encore de la date exacte et du lieu de l'inauguration.

Mais voilà près de deux cent mille ans, c'est-à-dire il était une fois, le démiurge et sa compagne étaient perplexes. « Eh bien ! et l'homme, leur avait dit Dieu ce jour-là, qu'est-ce qu'il devient ? Il serait temps de me proposer une suite. L'australopithèque n'était pas mal, l'invention du feu par l'*Homo erectus* était une bonne trouvaille, mais quelle lenteur, cela n'en finit pas. Un peu d'imagination, que diable ! » (Dieu a de l'indulgence pour la concurrence.) Nos deux démiurges avaient aussitôt sorti leurs compas, leurs crayons et leurs bistouris. Le masculin avait trouvé un titre qu'il avait inscrit en grands caractères sur sa feuille « L'homme I », puis il l'avait rayé pour écrire « L'*Homo sapiens* ». Mais le reste de la page restait désespérément vide. « Il nous faudrait un bon scénario, dit-il, songeur, quelque chose de romantique, peut-être, bercé par le chant des oiseaux et le murmure du vent. » Or imaginer une histoire et la voir se dérouler comme un film ne font aucune différence chez les esprits créatifs, et donc pour les démiurges, de sorte que voici ce qu'ils virent.

La caméra céleste déroulait sous leurs yeux des forêts inviolées, parsemées de clairières et de rivières limpides. Ils apercevaient partout des animaux, en horde ou solitaires, mais ils furent étonnés par le petit nombre des hommes. Ils en comprirent vite la raison. Ceux qu'ils voyaient semblaient n'être qu'un gibier tremblant. De jour et de nuit, des machéirodontes — de gigantesques tigres à dents de sabre — en faisaient leurs proies et les meutes de hyènes chasseuses, *Hyenictis* et *Euryboas* aux pattes démesurées, les harcelaient pour voler leurs enfants. D'autres félins aux canines aiguës et à la mâchoire puissante, d'abominables *Dinofelis*, décimaient chaque nuit les petits groupes humains partout où ils cherchaient refuge. Les démiurges jugèrent que la tuerie allait bientôt prendre fin avec l'extinction de l'espèce.

Ils coupèrent le spectacle sans laisser s'achever une scène insupportable et se regardèrent longtemps en silence. Ce fut elle qui prit la parole :

« Quelque chose a raté dans notre programme, et je crois deviner quoi…

— Tu veux dire : la multiplication des fauves ? Mais nous n'y pouvons rien ; l'équation qui lie les populations des prédateurs à celles des proies est incontestable et le résultat du calcul est imparable. C'est foutu, quoi qu'on fasse.

— Ce n'est pas ce que je veux dire. Tu n'as pas remarqué les cris que poussaient les humains quand le *Dinofelis* est entré dans leur grotte en bondissant au-dessus du feu ? Ils piaillaient, ils couinaient, ils grognaient, et certains même rugissaient…

— Cela n'a rien d'étonnant, vu les circonstances.

— Mais tu ne comprends pas : ils ne parlaient pas ! »

Le démiurge tressaillit. Comment une telle évidence avait-elle pu lui échapper ? En effet, un des éléments importants du programme « *Homo* » avait été de faire émerger le langage. Les humains avaient reçu les quelques gènes indispensables pour le développement du cortex et la configuration du larynx, cela devait leur permettre d'inventer, ou plutôt de découvrir un langage articulé. Il leur suffisait en principe de prendre modèle sur les régularités évidentes et omniprésentes de la nature. Ils ne devineraient bien sûr pas tout de suite que toutes les roches sont faites de cristaux de tailles diverses ni que tous les érables partagent un même génome, mais ce qu'ils avaient sous les yeux devait suffire à leur suggérer que les sons qu'ils articuleraient pourraient signifier à leur guise « pierre », « érable » ou « je t'aime ».

Le démiurge avait même établi une classification théorique de tous les types de langues possibles. Il expliquait que la répétition des mêmes phénomènes et des mêmes actes devait se traduire, dans certaines langues, par des verbes, c'est-à-dire des images d'actions qui prendraient une forme orale. Il montrait comment des désinences, des conjugaisons de ces verbes pourraient faire entrer le temps dans le langage en distinguant ce qui est de ce qui fut ou de ce qui sera ; comment des qualités visibles, adjointes aux noms comme autant d'adjectifs, les enrichiraient en les précisant. Tout un jeu de déclinaisons et de prépositions permettrait selon lui de rendre compte des relations qui existent entre les choses et les actions. Le démiurge n'était pas peu fier de son travail et la correspondance qu'il imaginait entre, d'une part, les choses, les êtres et les mouvements du monde, et, d'autre part, une simple suite de sons lui semblait une admirable relation mathématique entre des domaines apparemment très éloignés.

Tel avait été le projet, et voilà que rien n'était arrivé de ce qui était prévu, deux cent mille ans après la découverte du feu ! La raison de cet échec lui apparut aussitôt, tout comme elle avait frappé sa compagne : les hommes étaient trop tenaillés par la peur pour trouver le temps de penser. Il reprit en soupirant :

« C'est raté. Il faudrait tout reprendre avec une autre espèce.

— Mais pas du tout, rien n'est perdu ! Nous pensions que la constance et l'harmonie des phénomènes naturels allaient suffire à produire un langage dans un cerveau évolué. Mais ce cerveau existe bien ; il se trouve seulement qu'il n'arrive pas à fonctionner. Revenons au début ! Aidons les hommes à découvrir le langage qu'ils ont déjà sur le bout de la langue. Tu verras, ils sauront communiquer bien mieux qu'avec des grognements. Ils pourront s'organiser, échanger des idées, concevoir des armes, des stratégies, des tactiques, surprendre et vaincre leurs ennemis. Ils pourront chasser à leur tour leurs prédateurs, les harceler, les obliger à fuir ou disparaître. Ils pourront jouir pleinement, consciemment, abondamment, des bienfaits de mère Nature. Regarde le scénario que cela donne... »

Après s'être convaincus du bien-fondé de leur plan, les deux démiurges se mirent à parcourir la Terre en parlant aux hommes. Ceux-ci étaient si peu nombreux et si doués pour l'imitation que l'opération fut rapide. Tout laisse à penser que les démiurges répandirent plusieurs types de langues, ce qui expliquerait la diversité actuelle ; mais ce n'est qu'une hypothèse.

Ce qu'ils virent alors les emplit d'aise. Ils avaient sous les yeux une famille humaine paisible, un couple réuni au fond d'une cabane, entouré d'enfants aux yeux éveillés. La famille faisait partie d'une petite horde de quelques dizaines d'individus, tous solidaires et liés par la parenté, se déplaçant ensemble au gré des saisons, profitant des moments propices à la cueillette ou offrant les meilleures occasions de chasse. Les démiurges souriaient de satisfaction : « Regarde !

Les fauves se tiennent maintenant à distance des lances, des frondes et des javelines. La petite fratrie est en relation avec d'autres, elles forment ensemble une ethnie de quelques centaines ou milliers d'individus qui partagent une même langue et les mêmes coutumes. Quand la population d'une fratrie ou d'une ethnie augmente au-delà de ce que peut nourrir son territoire, alors elle essaime. Un groupe se détache et part chercher fortune ou provende ailleurs, un peu plus loin. Si bien qu'en allant ainsi un petit peu plus loin, et encore un peu plus, l'espèce humaine couvre la Terre entière de ses hordes migratoires. »

Des formes d'art sont en train d'apparaître. Des peintures couvrent les murs des falaises et des grottes, la musique et les chants font vibrer l'atmosphère, les hommes modèlent dans l'argile des figurines suggestives et fragiles. « L'homme I », devenu vraiment *sapiens*, est maintenant présentable, les démiurges en font un tableau auquel ils donnent pour titre « L'état de nature, ou l'âge paléolithique », signifiant qu'il n'en restera un jour que des pierres taillées. En remettant cette œuvre à Qui de Droit, la compagne du démiurge ajouta :

« Pour ma part, je considère cela comme un paradis.

— Un Paradis ! L'idée est belle, dit Dieu. Je m'en resservirai. »

Du bon usage des démiurges

« De même que les yeux des oiseaux nocturnes sont éblouis par le soleil, le regard de notre pensée se détourne de ce qui porte en soi le plus de lumière. » Cette pensée est d'Aristote, mais quiconque a côtoyé la science peut témoigner de sa vérité. Combien de fois n'est-on pas amené à dire au cours d'une vie : « Mais pourquoi n'ai-je pas posé cette question ? », ou : « Comment ai-je pu ne pas voir cette réponse ? » Le phénomène est si général qu'on se demande parfois en refermant un livre d'histoire : « Mais comment les hommes ont-ils pu rester si longtemps aveugles à ce qui paraît l'évidence même ? » Qui ne voudrait comprendre le monde actuel et vers quel horizon il nous précipite ? On le sent en gestation, mais on ne sait trop de quoi. Aucune question n'est plus urgente, et, pourtant, le regard de notre pensée reste aveugle, comme l'œil d'une chouette effarée.

Le plus difficile est de regarder ce qui est comme si on ne l'avait jamais vu, car ce qui est familier paraît toujours nécessaire et certain, alors qu'il est en fait baigné de mystère. On dit que « la rose est sans question » et pourtant, quels mystères recèle la plus éphémère des roses. Souvent aussi, on ignore qu'on ne sait pas, parce que l'on croit savoir. Ainsi, le Soleil brille, pourquoi ? Cette question d'enfant a été obscurcie pendant des millénaires par les mythologies. Un dieu doublement « chauffeur » conduisait l'astre mouvant en illuminant la Terre ; ou un Dieu unique intimait « que la lumière soit » et le Soleil obéissant brilla de mille feux en attendant la fin du monde. Mais ce n'est qu'un exemple.

En voici un autre puisé dans l'histoire. C'est seulement dans la seconde moitié du XXe siècle que la première mutation de l'humanité s'est révélée à nos yeux, alors qu'elle remonte en réalité à douze mille ans. Splendide et dramatique, nous allons la raconter, mais il faut préciser d'abord le sens du mot « mutation » quand on l'emploie en histoire. Le terme est emprunté à la biologie où il désigne la transformation d'un être ou d'une espèce dont les historiens retiennent l'impossibilité d'un retour en arrière. Il s'agit donc d'un phénomène plus radical qu'une révolution qui désigne un mouvement circulaire et dont les effets peuvent toujours se voir annulés par une autre révolution. Le destin bifurque en revanche quand une mutation se produit dans une société. L'avenir est un nouvel essor vers d'autres horizons, ou le déclin et la mort.

La connaissance de ces phénomènes est récente, on mesure mal à quel point le champ du savoir s'est élargi au cours du seul XXe siècle, et combien notre vision devrait être plus nette que celle de nos prédécesseurs. D'oiseaux nocturnes, nous voici devenus diurnes et la lumière pourrait guider assurément nos pas. Mais, hélas, nous sommes insupportablement myopes. Gens à courte vue et de culture éparse, nous ne savons pas tirer profit ni sagesse de notre immense savoir.

Telle est la clef de ce livre qui n'a d'autre prétention que de permettre aux vraies questions de jeter leur lumière. Encore faut-il laisser poindre l'étrangeté au travers de ce qui semblait familier. Ainsi, nos démiurges et autres artifices qui balisent ce livre ne sont là que pour nous arracher, nous tous, à l'opacité de l'habitude.

L'homme II : le néolithique

L'acte II vit ouvrir par les démiurges un nouveau dossier : « L'homme II ». Le début est daté de manière précise puisqu'il eut lieu dix mille ans avant notre ère[1]. Il aurait pu

---

1. La plupart des idées présentées dans ce chapitre sont admises par de nombreux historiens, à qui nous les empruntons. Il nous est impossible d'en retracer l'origine en détail et les auteurs chez lesquels nous avons puisé furent d'abord Fernand Braudel et Pierre Chaunu. Une synthèse approfondie a été publiée par Jean Baechler (*Esquisse d'une histoire universelle*, Paris, Fayard, 2002) sur laquelle plusieurs parties de ce chapitre et du suivant s'appuient directement.

se produire maintes fois auparavant, ou peut-être jamais car ce fut un événement improbable, un aléa conforme au jeu des lois naturelles et aussi un fruit de ces lois qui aurait pu ne pas naître. On peut dire que ce fut une mutation de l'humanité, que les historiens ont d'abord appelée l'âge « néolithique » avant qu'ils ne discernent son importance et sa signification véritables. Les démiurges eux-mêmes ne furent pas assez attentifs quand l'événement eut lieu et restèrent indécis sur les circonstances exactes du phénomène, hésitant entre plusieurs scénarios. Nous vous proposons donc de suivre l'un de ceux qu'ils ont conçus.

C'était la fin d'une période glaciaire. On vit le climat se réchauffer et de vastes glaciers fondre en peu de siècles, offrant aux feux du soleil des continents rajeunis. La faune et la flore changeaient et des territoires nouveaux s'ouvraient aux hommes. Les mammouths, les rennes et les autres grands animaux du froid se retiraient, tandis que d'autres plus petits se multipliaient. La chasse était bonne et facile, la nourriture abondante et les hommes devenaient de plus en plus nombreux. Le phénomène n'avait rien en soi de très nouveau, la Terre avait connu bien d'autres ères glaciaires suivies par des stades de réchauffement, mais quelque chose d'imprévu se produisit alors, pour cette unique fois.

Les démiurges, dont on a vu le goût pour les mathématiques, savaient pertinemment que les phénomènes naturels fluctuent : ils varient d'un cas à l'autre et ils peuvent prendre un cours inédit sous l'effet de causes apparemment infimes. Ce n'est pourtant qu'après coup qu'ils observèrent ce qui se passait en quelques lieux spécifiques, près de certains fleuves, à la limite des forêts et des savanes, toujours sous un climat modéré. Leur attention se portait particulièrement sur les larges vallées de l'Indus, de l'Euphrate, du Nil et du Yangzi Jiang, sur d'autres vallées des Andes et quelques plateaux du Mexique, partout où ils sentaient que des civilisations allaient naître.

Le nombre des hommes augmentait tellement en ces lieux favorables que l'espace finit par y manquer. L'essaimage devenait difficile car des hommes étaient déjà établis là où d'autres se proposaient d'aller. Le début de la période de « l'homme II », celle du néolithique, est donc marqué par la date fatidique, sans doute un peu différente selon les endroits, où l'espace humain se trouva saturé sur de vastes régions. La Terre se retrouvait couverte par les hommes au-delà de ce que le mode de vie naturel, primitif, pouvait assurer.

Quand ce malheur arrive à des lemmings, on dit qu'ils se précipitent en rangs serrés dans la mer. Certains fauves placés dans des conditions pareilles se jettent sur leurs congénères et chassent les plus faibles, les harcèlent et les réduisent à mourir de faim. Il est rare pourtant qu'ils tuent leurs semblables, hormis par accident. On peut se demander ce que firent les hommes dans un espace devenu trop exigu pour leur nombre. Est-ce alors que la guerre apparut et que l'homme devint le pire ennemi de l'homme ? Les démiurges ne nous disent pas tous leurs secrets et certains historiens supposent que l'homme est devenu très tôt un loup pour l'homme — un loup, ou pire : un *Dinofelis* le sabre aux dents. Aucun témoignage archéologique ne permet de prouver qu'il en fut vraiment ainsi, mais il est également vrai qu'on ne peut établir le contraire. Toujours est-il que les démiurges virent leurs créatures montrer une capacité extraordinaire d'imagination et d'adaptation. Puisque le mode de vie naturel ne nourrissait plus son homme, eh bien, tant pis ! il inventa l'agriculture ! Et plus tard l'élevage.

Les démiurges aimèrent à discuter de cet événement étonnant. « Je reconnais volontiers, dit l'un d'eux, que tous les projets de la galaxie nous laissent peu de temps pour observer la Terre, mais le peu que j'ai vu sur cette planète s'explique assez aisément. Les chasseurs-cueilleurs de jadis connaissaient parfaitement les plantes dont ils se nourrissaient, et aussi la nourriture de leurs gibiers. Nous les avons vus planter pour leur plaisir une herbe goûteuse ou une graine d'arbuste dont ils espéraient les fruits ; cela variait l'ordinaire et leur permettait de résister aux caprices des climats. Mais quand la pénurie s'est installée durablement, ce savoir est devenu le seul moyen de survie. Tu as vu comme moi comment les hommes ont perfectionné leurs méthodes au fil du temps, jusqu'à faire de la culture une corne d'abondance d'où le blé coule, avec mille autres délices.

— J'ai observé autre chose, dit sa compagne, peut-être attirée davantage par le romantisme. J'ai vu souvent une femme ou l'autre vaquer autour du logis. Je ne saurais mieux décrire sa tâche qu'en disant qu'elle *expérimentait*, et j'aime à l'appeler Cérès. Elle comparait la récolte de grains de plusieurs graminées, selon l'espèce, le sol ou la saison. Elle améliorait, elle conseillait ses voisines, suivait avec elles leurs tentatives afin d'enregistrer leurs succès et de méditer sur leurs échecs. Cérès, fille de Cérès et mère d'autres Cérès sur de longues générations, tu devrais aimer mon idée. Les humains ont survécu à leur propre multitude parce qu'ils s'imprégnaient des lois de la nature et qu'ils recherchaient l'action de ces lois dans la terre et les plantes. »

Il fallut des siècles pour que les hommes sachent prévoir une année à l'avance, labourer le sol ou le dénuder par le feu, sélectionner les plantes, concevoir les outils nécessaires et les améliorer. Seuls des siècles peuvent expliquer comment une graminée folle devint le blé au Moyen-Orient, comment un épillet se transforma en maïs au Mexique et par quelle longue patience le trésor du riz finit par abonder dans les marais de la Chine et de l'Inde. Les historiens estiment que la densité de peuplement ne pouvait dépasser 1 habitant par 10 kilomètres carrés à l'époque paléolithique (soit environ 50 000 chasseurs-cueilleurs dans la région couverte aujourd'hui par la France). Cette densité a été multipliée au moment du néolithique par des centaines dans les terres à blé et par des milliers dans les zones à riz. On avait alors dépassé de très loin les possibilités naturelles de l'espèce humaine et tout retour en arrière vers le « bon sauvage », « l'homme I », était devenu impossible.

Du champ de blé aux empires

À côté de Cérès, on trouvait aussi Vulcain, l'inventeur, le fabricant d'outils. Après la pierre polie, à force d'essais innombrables, d'observations sagaces et sans doute aussi grâce à quelques coups de chance, il découvrit comment produire et forger les métaux arrachés à la terre. L'agriculture, avec ses mortes-saisons, laissait du temps libre qu'on pouvait consacrer au logis, aux outils et aux vêtements ; à la méditation aussi. Les villages allaient en s'agrandissant et certains de leurs membres se spécialisaient dans l'art de fabriquer ou forger. Ces artisans créaient des quantités d'objets utiles, des araires, des tuiles, des cognées ; d'autres produits de leur art charmaient par leur beauté : les bijoux, les poteries peintes ; alors que d'autres impressionnaient par leur caractère sacré : les statues, amulettes, ou autels. Tant de richesses devenaient dignes qu'on les pillât et partout, bientôt, la guerre s'imposa définitivement.

Le village de Cérès et Vulcain était devenu une ville. Des pillards l'attaquaient souvent, mais ceux de la ville pillaient à leur tour leurs voisins. On s'organisait. Comme la guerre exige des stratèges — c'est-à-dire des généraux — et, bien sûr, des guerriers de métier, on vit se créer des castes armées. Les combats firent d'abord s'affronter des centaines, puis des milliers d'hommes, et plus encore. Devant ces excès de deuils et d'horreur, il fallut mettre les dieux dans le coup. On inventa la propagande et les poètes conçurent des épopées.

« Mais ce n'est qu'une orgie de sang et de larmes », s'écriait le démiurge en écoutant Homère. Les vers guerriers de l'*Iliade* ne dissimulaient rien des tueries et de l'angoisse universelle. En Chine, à l'époque des Royaumes combattants (c'est-à-dire au IIe siècle avant notre ère), les froids philosophes de l'école des légistes théorisaient la stratégie nécessaire à des armées de centaines de milliers de combattants, où la paie des guerriers se calculait au nombre de têtes coupées. Partout les poètes chantaient la guerre, les penseurs la pensaient, un prophète tenait son bâton levé au-dessus des massacres en signe d'invocation au dieu des armées. La mutation de loin la plus profonde, celle des esprits, avait mordu l'humanité de sa rage. Et, partout, les empires s'établissaient au-dessus des royaumes, puis retombaient et repoussaient comme les têtes de l'hydre : l'empire des Perses, celui d'Alexandre, d'Ashoka en Inde suivi des Moghols et tant d'autres, et la Chine, archétype immuable des empires assis.

Le démiurge féminin a laissé couler une larme. « Il est perdu, mon paradis ; qui pourra jamais me le rendre ? » Elle laissa aussi parler sa colère. « Tous les dieux invoqués par les hommes se repaissent de sang. La guerre emploie à ses fins tout ce que l'homme produit de ses mains ou ce qu'il invente, toutes ses idées, qu'elles soient économiques, politiques, idéologiques, sociales, tout est bon pour nourrir la guerre. Et rien n'est finalement inventé qui ne finisse par servir à la guerre ou à la glorifier. Je la hais ! Il faudrait peu de chose pour que je haïsse aussi les hommes qui l'ont répandue sur la Terre. »

Le démiurge, inclinant davantage à philosopher, commenta : « Il est vrai que la guerre est un phénomène total. Tout ce qui se passe dans la société résonne dans son casque d'airain ou d'acier et elle, à l'inverse, agit sur tout ce qui est humain. Puisque le phénomène de la guerre est total, il est sensible à une infinité de causes infiniment variables, grandes ou minimes. Comme il conditionne complètement la société, ses effets font partie de ses causes et cela produit inévitablement ce que j'appelle un "chaos". C'est mathématique, ma chère.

— Mais si tu dis vrai, répondit sa compagne, cela signifie que l'horizon est bouché tant que la guerre régnera sur l'humanité ; on ne peut rien prévoir, sauf à très court terme et avec de grands risques d'erreur. Tout devient imprévisible dans ton chaos et n'importe quoi peut arriver. Il faut faire absolument quelque chose avant que Dieu ne se lasse. »

L'homme III

Vint alors un autre grand moment. Les siècles sont comme des jours chez les démiurges et le XVIe de notre ère mûrissait quand le démiurge, lassé de contempler des massacres et des guerres, se frappa le front. « J'ai une idée, dit-il, que je crois géniale, comme d'habitude. Si l'homme découvrait les lois qui gouvernent le monde, de l'Univers à l'atome et jusque dans le monde vivant, alors il pourrait se connaître lui-même au sein de la création et atteindrait sans doute la sagesse. Il en a les moyens mentaux et il suffirait de suggestions discrètes, comme tu sais si bien les faire. Ce serait la seconde mutation de l'esprit humain, la plus grande des deux, et la connaissance apporterait l'harmonie. » Sa compagne approuva avec enthousiasme et ils se partagèrent les tâches. L'aboutissement serait-il l'homme III, le sage ?

« Analysons les faits, dit-il. Voilà deux mille ans que les Grecs ont amélioré la pensée égyptienne en inventant la logique, les mathématiques et ce qu'ils appellent "la philosophie". Ils en ont été tellement éblouis qu'ils ont cru que l'esprit se suffit à lui-même et qu'il peut tout connaître par sa seule puissance. C'est évidemment ridicule quand on sait ce qu'est en réalité l'esprit humain. Mais tu noteras que les hommes sont aussi très inventifs dans la pratique et qu'ils n'ont cessé de faire des progrès dans ce domaine depuis le néolithique, alors que ceux qui se disent penseurs sont tellement imbus de ce qu'ils ont dans la tête que la main ne leur sert plus. La main pense, je te dis, elle fouille, elle essaie, et c'est cela qu'il faut faire comprendre aux hommes. J'appelle cela la "pensée expérimentale", il faut la leur faire découvrir. C'est l'expérience qui doit juger des choses et non pas seulement l'esprit. L'erreur des philosophes a toujours été de bondir aux idées générales à partir de quelques cas particuliers et de cogitations plus ou moins aventureuses ; pas étonnant qu'ils ne soient parvenus qu'à des illusions. Ce que je propose, ce que je vais même instaurer, sera une œuvre de connaissance qui ne se fera pas en une seule génération, mais en plusieurs, en beaucoup s'il le faut, et tu vas voir qu'elle n'aboutira pas à du vide mais à des principes que la nature elle-même reconnaîtra pour les siens. »

Comment les démiurges intervinrent alors demeure un mystère. C'était entre le XVe et le XVIe siècle. Ils choisirent de porter leurs suggestions, très discrètement, dans une région plutôt arriérée, l'Europe, qui avait l'avantage d'être politiquement divisée et donc plus propice au bouillonnement des idées. C'est grâce à eux, peut-être, qu'un chanoine polonais, Nicolas Copernic, en vint à se convaincre que la Terre tournait autour du Soleil, et non l'inverse comme tout homme de bon sens l'avait cru jusqu'alors. Comme les démiurges sont très habiles de leurs mains, le nôtre inspira au travers de vapeurs d'aquavit un Danois de haute naissance, Tycho Brahé, pour qu'il construise des instruments de mesure permettant de mieux observer les astres. Il n'y avait jamais rien eu auparavant d'aussi précis et un jeune sujet de l'empereur germanique, Johannes Kepler, fut chargé d'exploiter ces données astronomiques. Le démiurge désapprouvait que son contrat lui fasse établir des horoscopes, mais le jeune homme montrait de belles promesses. Une nuit qu'il veillait tard et commençait à s'assoupir, la démiurge poussa sa main et le cercle qu'il traçait d'ordinaire à la perfection prit une forme un peu aplatie. En faut-il davantage quand l'esprit est prêt à s'ouvrir ? Surtout quand une belle démiurge susurre dans le demi-sommeil : « Souviens-toi de l'ellipse, demain, à ton réveil. » Cette histoire est désormais attestée par les célèbres lois de Kepler du mouvement des planètes.

Les démiurges misèrent beaucoup sur Galilée. C'était un bricoleur de génie, une qualité fort rare à l'époque où l'on jugeait les intellectuels sur leur latin. Le démiurge sentait en lui le sujet idéal pour réaliser la grande idée, celle qui permettrait d'accéder à la connaissance par l'expérience. C'était une idée simple, mais qui allait à l'encontre des routines philosophiques du temps. Un jour qu'il rêvait dans une église, Galilée fut hypnotisé par les lentes oscillations d'un lustre, que la démiurge avait mis en branle. « Mais il y a une loi là-dedans », se dit-il, et il travailla dur. Son triomphe fut de découvrir quelle loi gouverne la chute des corps et le démiurge fut ravi de l'entendre prononcer la phrase célèbre : « Le livre de la nature est écrit dans la langue des mathématiques. » Il ne put malheureusement rien faire quand Galilée fut condamné par l'Inquisition, mais lui et sa compagne témoignèrent comme experts désignés par l'accusation lorsque les juges du procès romain passèrent à leur tour devant le Tribunal céleste.

Les dernières interventions des démiurges furent plus discrètes. On sait par Descartes l'importance de quelques rêves qui l'inspirèrent ; faut-il révéler qui les suscita ? Il y eut aussi un peu de coquetterie dans la manière dont la démiurge fit tomber un jour une pomme sous les yeux de Newton : comment se fait-il en effet que personne n'ait noté l'allusion transparente à Ève ? Le démiurge mit le holà quand il vit sa compagne éloigner les mouches des manchettes de Buffon, tant elle s'éprenait de son style. De toute façon, le plan qui devait conduire à la sagesse par la connaissance était lancé et il n'était plus nécessaire, en principe, d'intervenir davantage.

Un échec ?

Il fut long et paisible le sommeil des démiurges après le travail accompli, mais le réveil n'en fut que plus brutal. L'ange des batailles, archétype des sentinelles et réserviste des apocalypses, tonnait au pied de leur lit comme un réveille-matin céleste. « Ah, bravo ! s'écriait-il, toutes mes félicitations ! Je vous préviens que ça va être le *dies irae* pour vous, le grand jour de la colère divine. Apprenez que Dieu a les hommes dans le collimateur [cette expression de l'ange étant sans doute due à ses habitudes militaires]. Les hommes en savent trop maintenant sur la météo pour qu'on leur refasse le coup du déluge universel, mais le Seigneur des armées est tout prêt à jeter sur eux un aérolithe de derrière la ceinture d'astéroïdes. Il regrette de ne pas avoir détourné celui qui a détruit les dinosaures, voilà soixante-cinq millions d'années [déjà si longtemps...], car des êtres dont le rossignol allait descendre ne pouvaient pas être aussi stupides ni aussi dangereux que les hommes. Venez donc contempler votre œuvre ! »

Tremblant à l'idée de ce qu'ils allaient découvrir, les démiurges regardèrent la Terre et nous savons ce qu'ils y ont vu. Deux guerres mondiales déjà, dont l'une terminée par la bombe atomique, des camps d'extermination, la famine persistante, la planète en cours de dévastation et ses trésors dilapidés. Des riches, gavés comme des cohortes de Sardanapale, au milieu de milliards de pauvres. D'incroyables merveilles aussi, des connaissances précieuses, mais galvaudées, « mêlant l'ivoire et le tesson », des espoirs aussi à la mesure des peurs, d'immenses possibilités en même temps que l'impossibilité d'un retour en arrière. Une mutation, encore une fois la plus prodigieuse et la plus dangereuse faisait son œuvre. Les démiurges voyaient l'histoire humaine se transformer en un tourbillon imprévisible mais féroce, emportée par les vents d'un savoir déchaîné. Ce qu'ils virent,

> *C'étaient de très grands vents sur toute face de ce monde,*
> *De très grands vents en liesse par le monde, qui n'avaient d'aire ni de gîte,*
> *Qui n'avaient garde ni mesure, et nous laissaient, hommes de paille,*

> *En l'an de paille sur leur erre... Ah ! oui, de très grands vents sur toute face de vivants !*
> *Car tout un siècle s'ébruitait dans la sécheresse de sa paille : à bout de cosses, de siliques, à bout de choses frémissantes,*
> *Comme un grand arbre sous ses hardes et ses haillons de l'autre hiver, portant livrée de l'année morte ;*
> *Ha ! très grand arbre du langage peuplé d'oracles, de maximes et murmurant murmure d'aveugle-né dans les quinconces du savoir*[1].

Mais Dieu laisse apparemment une dernière chance aux démiurges et aux hommes. Son dernier message est à la fois laconique et menaçant : « Que proposez-vous ? Sinon... » Résignés, les démiurges ont ressorti leurs compas, leurs crayons, mais ils ont rangé leurs bistouris après un instant d'hésitation. Sur une feuille blanche, lui a écrit en gros caractères « L'homme III » et tous deux se sont regardés, plus que jamais perplexes. Qui ne le serait à leur place ?

---

1. Saint-John Perse, *Vents*.

Chapitre 2

LA CLEF DE LA MODERNITÉ : LA SECONDE MUTATION HUMAINE

Qui sommes-nous en ces temps où tout change ? Sommes-nous encore des hommes II, néolithiques, déboussolés par des événements qui nous dépassent, ou déjà des embryons d'hommes III ? Peu importe. Il ne fait aucun doute en revanche que chacun de nous est le lieu d'une transformation totale, c'est-à-dire d'une mutation. Nous le ressentons ou le pressentons tous, et cette constatation n'a rien pour étonner. La plupart des historiens l'admettent, même s'ils le font avec des nuances diverses. Ils s'accordent également sur le fait que l'humanité a déjà connu une autre mutation, celle du néolithique, voilà plus de dix mille ans. Celle qui a lieu en ce moment est-elle aussi importante (« de même magnitude », comme on dit d'un séisme), l'est-elle moins, ou le sera-t-elle finalement plus ? Les opinions divergent, mais nous croyons quant à nous que les deux événements sont au moins comparables et que celui qui se produit en ce moment est beaucoup plus brutal. Son temps d'action se compte en effet en siècles, peut-être même moins à mesure que tout se précipite, alors que la mutation néolithique se déroula en profondeur et sur des millénaires.

On croit comprendre la nature et la cause de la mutation néolithique, mais qu'en est-il de la nôtre ? Il nous semble pouvoir affirmer qu'elle tient pour l'essentiel à l'apparition et à l'expansion de la science. Pour être plus précis, nous n'attribuons pas cette origine à la science elle-même (qui n'est qu'une activité humaine comparable à d'autres) mais au butin extraordinaire qu'elle rapporte de ses explorations. On pourrait en effet comparer la recherche scientifique à une sorte de voyage initiatique hors des limites du village humain, une exploration de l'extra-humain, au sens où l'on parle d'extra-terrestres. L'extra-humain, c'est tout à la fois l'Univers, les secrets de la matière et les mécanismes subtils de la vie, c'est ce qui dépasse le cercle de nos cinq sens et qui nous révèle à nous-mêmes comme des êtres pareils à tous les autres êtres vivants, modelés comme la bactérie et l'insecte dans un limon que des étoiles mortes ont déposé dans l'espace depuis des milliards d'années.

Le débat sur l'origine de la modernité

Il y a mutation de l'humanité et elle tient aux découvertes de la science. Telle est l'idée, la thèse si l'on veut, qui sert de fil conducteur à ce livre. Elle peut sembler difficile à admettre et, s'il nous arrive de la soumettre à des gens de culture littéraire, leur réaction est rarement favorable. Ainsi, notre ami Saitout, féru d'histoire et de philosophie, refuse de parler de mutation et préfère employer le mot de modernité. Peu importe, lui répondons-nous, la mutation est une sorte d'incendie qui s'allume dans la paille de la modernité au XVIIe siècle et qui s'embrase avec le XXe. Vous avez beau dire, rétorque Saitout, tout ce qui concerne l'origine de la modernité aussi bien que ses conséquences est un sujet connu, rebattu, un thème éculé de leçons de philosophie ou d'histoire que vous devriez prendre la peine de lire.

Eh bien, lisons ! Les historiens semblent d'accord sur une cause essentielle et unique de la première mutation, au néolithique, qu'ils attribuent à un rétrécissement de l'espace humain. Que disent-ils en revanche de la mutation actuelle, c'est-à-dire de la cause de la modernité ? Chose curieuse, ils ne l'attribuent pas à une cause particulière, déterminante, mais à une rencontre de causes multiples, toutes concomitantes et pourtant accidentelles, comme si un faisceau de hasards avait surgi par coïncidence et que cela suffit pour que la société se transforme à l'échelle planétaire en moins de vingt générations.

Accordons à Saitout qu'il est sage de distinguer les débuts de l'époque moderne de l'expansion irrésistible qui commence au XIXe siècle et s'accomplit au XXe. Les débuts pouvaient être plus ou moins accidentels, comme beaucoup d'autres faits de l'histoire, mais l'incendie final, l'explosion, ressortit en revanche à une cause unique étroitement liée à la science. Nous ne disons pas que cette cause est la science, c'est-à-dire une activité humaine qui prend effectivement son essor avec la modernité. Il s'agit plutôt d'une rencontre inéluctable à un moment ou l'autre, quand l'humanité aurait l'illumination des lois prodigieuses de la nature. La puissance apportée par cette connaissance a été exploitée de manière effrénée et c'est ce qui retient l'attention des historiens quand ils parlent, eux aussi, de mutation. Mais la découverte des lois de l'Univers fut, au sens propre du terme, un événement de dimension cosmique, sans commune mesure avec aucun autre événement de l'histoire.

LES CAUSES ADMISES

Dans un ouvrage remarquable, Jean Baechler a rassemblé les causes diverses que les historiens assignent à la modernité. En résumant, il s'agirait d'un concours de circonstances particulières à l'Europe de la Renaissance : un essor de la raison dont la science est une composante importante mais non la seule, une diversification des pouvoirs, notamment celui du capitalisme, la montée de l'idée de démocratie et, enfin, l'importance croissante de l'individu par rapport à la société.

On peut discuter de la question des circonstances. Il y eut celles de la géographie, l'Europe formant un monde difficile à soumettre et dont les peuples, divers et rétifs, cultivaient leurs différences. Ces circonstances ne permettaient pas la constitution d'un empire uniforme. Tous ces traits concouraient à l'existence de centres de pouvoir multiples : des royaumes, des principautés, des cités et quelques autres. Il y eut aussi l'héritage de la pensée grecque, toujours présent comme un ferment latent et témoin inoubliable d'un premier essai de modernité avortée. La guerre fut, bien entendu, une circonstance permanente et une éternelle occasion de hasards.

Une autre cause supposée, l'essor de la rationalité, ouvre plusieurs pistes. Celle de la philosophie critique, dont les sources remontent évidemment à la Grèce antique mais aussi à la pensée médiévale. C'est ainsi que Luther montra en 1517 qu'un théologien solitaire pouvait enflammer l'Europe jusqu'à la disjoindre en deux moitiés, catholique et protestante. Cette divergence doctrinale permettait davantage de liberté personnelle, laquelle pouvait prendre à son tour plusieurs formes dont celle d'une pensée rationnelle en rupture avec la tradition. L'esprit cartésien pouvait apparaître.

La rationalité engendra aussi la science, qui n'en fut d'abord qu'un aspect. On disposait déjà des mathématiques que l'Antiquité grecque avait inventées et que les algébristes arabes avaient améliorées. Cet outil suffit à Copernic pour proposer, en 1543, de placer le Soleil au centre du monde. L'idée était magnifique de hardiesse, rejetant deux mille ans d'aristotélisme et faisant peu de cas de la lettre biblique. On ne saurait d'ailleurs trop souligner à ce propos la force que la pensée mathématique manifestait ainsi, en permettant à un homme de dépasser les présupposés religieux et philosophiques pour ne se laisser guider que par une exigence de clarté.

La simplicité du nouveau système n'était pas encore évidente, elle s'imposa quand Kepler découvrit, peu après 1600, les lois qui gouvernent le mouvement des planètes. Il résolvait ainsi le problème scientifique le plus ancien et le plus systématiquement poursuivi par l'Antiquité. Galilée donnait à la même époque la véritable clef des sciences, l'ascèse d'expériences scrupuleuses et systématiques, soumises à une réflexion théorique rigoureuse. On s'accorde à penser que la modernité commence à ce moment précis.

Les historiens citent aussi l'indépendance croissante de pouvoirs divers, dont celui du capitalisme en premier lieu. Le pouvoir absolu de l'Église sur les consciences glissant vers l'État politique, les divers « ordres » de la société se sentirent libérés : religieux, financier, industriel, judiciaire, etc. Ces ordres peuvent encore être appelés « états » (clergé, noblesse et tiers état) ou, si l'on est marxiste, « classes sociales » ou encore, si l'on se veut postmoderne, « groupes de pression », peu importe à notre thèse.

Ce qui importe à cet égard, c'est la montée en puissance de l'idée de démocratie, qui atteint son éclat à la fin du XVIIIe siècle avec la Constitution des États-Unis et la Déclaration des droits de l'homme et du citoyen en France, et substitue le système représentatif à l'absolutisme monarchique. Corrélativement, l'individu autonome devient le point de départ de l'éthique, de la politique et de l'art. Mais s'agit-il vraiment de causes, ou d'effets, voire d'un concours de circonstances ? Comprend-on mieux après cela l'ampleur de la mutation actuelle et son sens profond ? Sait-on mieux ce qui nous attend ? N'est-il pas nécessaire de fouiller davantage ? Nous pensons qu'il le faut.

L'histoire curieuse d'un mathématicien

Avant d'aller plus loin, et pour baliser le chemin qu'il nous reste à parcourir, voici l'histoire de Srinivasa Ramanujan (1887-1920), qui naquit dans l'Inde du Sud alors joyau de l'empire de Sa Majesté britannique. Il avait suivi les leçons d'un collège de sa ville natale où il révéla des dons exceptionnels pour les mathématiques. Les moyens modestes de sa famille ne permettaient malheureusement pas de lui payer des études universitaires en Angleterre pour s'engager dans une carrière scientifique peu rémunératrice. Il dut se rabattre sur un modeste emploi de bureau. Un ennui confinant au désespoir s'abattit alors sur lui, le jeu merveilleux et solitaire consistant à imaginer encore et encore des mathématiques ne suffit plus à le distraire. À vingt-six ans, en désespoir de cause, il écrivit à un célèbre mathématicien de Cambridge, Godfrey Hardy, pour implorer son aide. Il joignit à sa lettre une liste d'une vingtaine de résultats qu'il avait obtenus, au fil du temps, en algèbre et en théorie des nombres.

Hardy fut éberlué par les feuillets couverts d'équations. Certaines étaient élémentaires et du niveau d'un premier cycle universitaire. D'autres n'avaient été découvertes que plus récemment et portaient les noms de mathématiciens connus. Hardy se demanda un moment s'il avait affaire à un imposteur qui se parerait des lauriers des autres. Mais il y avait quelques équations qu'il ne connaissait pas et dont son collaborateur le plus proche n'avait pas non plus connaissance. Il leur fallut plusieurs jours de travail pour en démontrer la plupart et ils durent s'avouer que, peut-être, ils ne les auraient pas imaginées. Une ou deux équations résistèrent même à leurs efforts pour les démontrer, tout comme à leurs tentatives pour les réfuter. Hardy prit sa décision en ces termes : « Les mathématiciens de génie étant tout de même moins rares que les faussaires de génie, j'écrivis à Ramanujan en lui procurant les moyens de venir à Cambridge. »

Quand ces hommes remarquables apprirent à mieux se connaître, l'étonnement de Hardy ne connut plus de bornes. Ramanujan montrait une créativité extraordinaire et, dès qu'il fut au courant des mathématiques de son époque, il lui vint des idées d'une profondeur inouïe. Ses connaissances étaient limitées, elles dataient de plus d'un siècle et restaient étonnamment éparses. De plus, s'il concevait avec aisance des résultats remarquables, il était souvent incapable de les démontrer. Pire, il semblait que l'idée même de démonstration lui échappait.

Il fit part à Hardy de son secret le plus intime. Il vouait une dévotion particulière à une déesse du panthéon hindou, laquelle lui accordait en retour son aide et sa protection. Elle apparaissait dans ses rêves pour apaiser les tourments de son esprit bouillonnant en lui murmurant des secrets mathématiques d'une beauté délicieuse, parfois une équation confondante, parfois une structure du monde contemplé par les dieux. Malheureusement, le climat de l'Angleterre ne convenait pas au jeune Tamoul que la tuberculose emporta. Ramanujan mourut à Cambridge moins de sept ans après y avoir mis les pieds et sa déesse, sans doute, l'accueillit près d'elle pour toujours.

Les expériences de pensée

Dans le même registre ludique, nous voudrions évoquer Einstein. Ce n'était pas un très grand mathématicien, au contraire de ce qu'on raconte souvent, mais il avait une admirable imagination théorique. Celle-ci le conduisait à rêver des situations étranges, qui devenaient chez lui la source d'idées simples et profondes. Quand il était jeune, peu de temps avant d'inventer la première théorie de la relativité (dite encore « relativité restreinte »), il essaya d'imaginer ce que verrait un voyageur dans un train lancé à la vitesse de la lumière, ou quasiment. Que se passerait-il aussi si la vitesse de la lumière n'était que de cent kilomètres à l'heure ? Plus tard, alors qu'il travaillait à la seconde théorie de la relativité incluant la gravitation (c'est-à-dire la relativité générale), il réfléchit aux impressions d'un homme qui serait enfermé dans un ascenseur tombant en chute libre. Comment cet homme pourrait-il savoir s'il tombe sous l'effet de la pesanteur ou si, sans être soumis à la gravitation, il est simplement accéléré par un moteur qui pousse l'ascenseur ?

Ces « expériences de pensée » ne sont pas le privilège d'Einstein, d'autres en ont fait usage, avant ou après lui.

Que se passerait-il si toutes les forces de gravitation étaient multipliées par mille, si un atome était aussi gros qu'un ballon de football ou si nous étions spectateurs de la naissance de l'Univers ? Ce genre d'exercice libère l'esprit des habitudes ancrées et des idées toutes faites, il fournit parfois le déclic d'une idée profonde. Les célèbres « relations d'incertitude », qui contrôlent les possibilités de penser le monde microscopique quantique, sont nées ainsi. Heisenberg, leur inventeur, avait imaginé un microscope extraordinaire, capable d'observer un électron unique. Lors d'un congrès qui se tint à Bruxelles en 1927 et qui réunissait les plus grands physiciens de l'époque, on vit deux amis dont les opinions divergeaient, Einstein et Bohr, régler leur différend pendant deux jours avec pour seules armes des expériences de pensée. Il y eut un vainqueur — qui ne fut pas cette fois Einstein — et l'événement occupe à présent une place de choix dans l'histoire des sciences.

L'histoire de Ramanujan et celle d'Einstein nous permettent d'imaginer ce qu'auraient pu être les lois de la nature, ou comment on aurait pu les découvrir, si le monde extra-humain avait été différent. Cette méthode inspirée des expériences de pensée montrera qu'il n'y aurait eu, dans ces conditions, ni modernité à proprement parler ni seconde mutation. C'est donc bien la découverte par l'humanité des lois de la nature qui est la véritable clef de la modernité.

Le rôle de la rationalité

Nous commencerons par renverser l'ordre communément admis entre la rationalité et la connaissance des lois de la nature. Cela peut paraître paradoxal, il va de soi que nous ne prônons pas une science qui s'obtiendrait par la prière, le jeûne et l'abstinence (oh ! surtout pas l'abstinence). Nous proposons simplement une expérience de pensée pour dégonfler, s'il se peut, l'admiration que l'homme s'accorde à lui-même, comme si c'était lui qui votait les lois du cosmos.

Imaginons que le cours de l'histoire ait été peu différent de ce qu'il fut en réalité, à l'exception de la méthode suivie par les sciences. Admettons donc que les étapes et les résultats de celles-ci aient été exactement semblables à ce que l'on connaît. Galilée et Newton auraient bien découvert les lois du mouvement, Young et Fresnel celles de l'optique, Ampère, Faraday et Maxwell les principes de l'électricité et du magnétisme, etc., en incluant dans cet « etc. » toutes les lois qui ont été découvertes, dans quelque science que ce soit, entre le XVIIe siècle et l'aube du XXIe. L'histoire des sciences aurait été exactement la même que celle que nous connaissons, hormis un point de méthode que nous introduisons à présent et qui fait l'objet d'une « expérience de pensée » appliquée à l'histoire moderne.

Dans cette hypothèse, tous les résultats théoriques ayant une certaine importance en science seraient apparus en rêve à leurs auteurs, selon ce qu'on pourrait appeler la « méthode » de Ramanujan. Une loi de la nature ayant été ainsi suggérée par une déesse amicale (par exemple notre amie la démiurge), les théoriciens auraient pu déduire par le calcul toutes les conséquences de ce qui n'aurait été qu'une hypothèse. Ils auraient pu aussi bien se passer d'établir la cohérence de ces lois en considérant que c'était l'affaire des déesses et qu'il suffisait d'être visité par le songe favorable. La science serait cependant demeurée parfaitement empirique car les faits expérimentaux, titillant un désir de comprendre indépendant des rêves, auraient suscité les confidences divines sur les bonnes idées théoriques, dans l'ordre historique exact où tout s'est effectivement passé. Certains rêves s'étant révélés trompeurs ou mal interprétés, les vérifications expérimentales auraient été plus que jamais nécessaires, et toujours opérées avec la rigueur qui s'impose.

Si l'on revient alors aux causes de la modernité, on constate à la fois des permanences et un net changement d'éclairage. Cette autre histoire de la science, imaginaire, aurait-elle eu le moindre effet sur la montée de la démocratie et l'affirmation de l'individu ? Sans doute aucune. Le comportement des différents ordres de la société aurait-il été différent, plus ou moins autonome et rationnel ? On peut supposer que non. Le fonctionnement des marchés n'en aurait pas été changé, il se serait déroulé rationnellement, sans recours à des rêves inspirés. Les enquêtes des policiers, les interrogatoires des magistrats, les décisions des préfets et des gouvernants auraient été aussi raisonnables (ou déraisonnables) qu'ils le sont d'ordinaire. On peut même supposer que la « méthode Ramanujan » n'ait pas eu le moindre succès auprès des historiens, sociologues, économistes, ni d'aucun spécialiste des sciences sociales et humaines, de sorte que rien n'aurait été modifié dans l'évolution de ces disciplines.

Ainsi la rationalité, dont tant d'historiens et de philosophes font une cause de la modernité, aurait pu continuer à se propager dans la société, à la seule exception de la science proprement dite. Il n'est même pas exclu qu'elle eût été plus grande que jamais. En comparant en effet les performances des astrologues et des voyantes à celles des scientifiques démiurgiquement inspirés, les clients des vendeurs d'illusion auraient déserté leur commerce. Des hommes politiques éminents, des boursiers, des vedettes admirées et certain jury de sociologie qui défraya la chronique se seraient tournés vers le culte de la déesse Raison. Jamais la société n'aurait été plus rationnelle, et peut-être le serait-elle devenue à l'excès, allant jusqu'à préférer des scénarios magico-scientifiques aux bons vieux films de viol et de tueries. La lettre « X » n'aurait signifié partout que le symbole de l'algèbre ou de Polytechnique, et non plus celui de la pornographie qu'aucun démiurge n'aurait osé promouvoir.

Que peut-on déduire de ce jeu ? Si l'on revient à Leibniz et qu'on imagine tous les mondes possibles, celui qu'on vient de voir suggère une indépendance de principe entre la découverte des lois de la nature et toutes les causes que les historiens et les philosophes attribuent à la modernité. Maintenant, si nous parvenons à montrer que des lois différentes auraient sapé la modernité, notre thèse se trouvera bien assise.

Les autres causes

Imaginons à présent une autre expérience de pensée où les lois de la nature n'auraient plus la même exactitude. Supposons qu'on ait découvert (par exemple avec les premières locomotives) que les lois de la mécanique souffrent d'une certaine part de hasard, laquelle s'accentue d'autant plus que les masses sont plus grandes. Ce caractère aléatoire des lois affecterait aussi les réactions chimiques, la combustion du charbon ou de l'essence entraînant par exemple une ou deux explosions brutales pour chaque millier de tonnes brûlé ; de son côté, l'électricité susciterait souvent des éclairs aussi dangereux qu'imprévisibles. Multiplions les exemples de ces hasards funestes et incontrôlables dans un scénario catastrophe où les lois de la nature existeraient, mais seulement jusqu'à un certain point. Le risque d'erreur dans leur application deviendrait insupportablement élevé, à moins qu'on ne fasse preuve d'une grande prudence en se contentant de travailler toujours avec des quantités modestes de matière, en se limitant à des vitesses qui ne dépassent guère celle d'un cheval et sans faire de dépenses d'énergie excessives. On resterait donc par nécessité dans la tradition néolithique. On peut même supposer que la nature ne montrerait aucune aberration lorsqu'on la laisserait suivre tout bonnement son cours. En somme, ce serait la fin du vieux conflit entre Zeus et Prométhée, désormais réglé par un avis péremptoire du dieu, affiché sur la porte du coffre aux secrets du monde : « Circulez, il n'y a rien à voir ! »

Il est difficile de juger si ces conditions pourraient affecter la démocratie, l'individualisme, le degré d'autonomie des ordres de la société ou la rationalité dans les affaires humaines ; cette dernière serait peut-être simplement corrigée par un peu plus de prudence envers la nature. Il est certain en revanche que le capitalisme serait identique à ce qu'il fut ici ou là, jadis, avant l'ère industrielle, quand il apparut de manière sporadique en Chine, au Japon, en Inde et dans les cités médiévales d'Europe où l'on sait qu'il vivota et puis disparut. On assisterait de nouveau à cet échec, du seul fait de l'impossibilité d'une croissance économique substantielle dans un monde où l'industrie serait trop coûteuse et incontrôlable. L'importance historique du capitalisme serait réduite à peu de chose, et sa contribution à la modernité tendrait vers zéro.

Ainsi, finalement, la modernité serait effectivement apparue du fait des autres causes qu'on lui suppose ordinairement. Mais sans l'existence de lois de la nature fiables et sans leur découverte par l'homme, elle n'aurait jamais été qu'un épisode sans relief dans l'histoire du monde.

La science intériorisée

Une autre objection que celle du savant Saitout est parfois opposée à notre thèse. C'est celle de notre ami Menfous qui nous dit : « Moi, je suis un artiste (ou un esprit pratique, ou un pur "littéraire") et la science ne m'intéresse absolument pas. Je m'en passe très bien. Je veux bien vous accorder que la technique est importante dans la vie moderne, mais rien de plus. Je me refuse en tout cas à admettre, que dis-je, à seulement considérer l'idée que la science puisse m'influencer, me muter comme vous diriez. Elle n'intervient absolument pas dans ma pensée. »

La philosophe Hannah Arendt a été jusqu'à ranger tous les intellectuels d'aujourd'hui dans la catégorie des Menfous, diagnostiquant chez eux une « fuite en avant » collective qui les précipite en troupeau, le front bas, vers l'abîme. Nous ne la suivrons pas aussi loin. Parmi ceux qui sont convaincus que l'humanité est en cours de mutation, il en est qui font peu de cas de la science. Ainsi, par exemple, nombre de « futurologues », qui valent rarement mieux que les voyantes. Il y a aussi les rêveurs du *New Age*, qui vaticinent sur d'étranges causes astrologiques ; en quittant le décan des Poissons pour entrer dans celui du Verseau, nous serions censés croître en esprit. Que sainte Faribole nous aide ! Et pourtant... Pourtant l'idée d'un événement cosmique est moins absurde qu'il y paraît, si vraiment la découverte par l'humanité de l'Univers et des lois joue un rôle déterminant dans la modernité, y compris dans l'explosion technologique actuelle.

« Voire ! », comme aurait dit Maître Panurge, mais Menfous l'admettra-t-il ? Il nous dit reconnaître sans peine que les techniques issues de la science jouent un rôle essentiel dans l'histoire actuelle de la Terre et de l'humanité ; il sait bien que ces techniques conditionnent l'existence de la plupart des hommes ; la surpopulation, la pollution et l'épuisement des ressources les concernent tous. Mais il se refuse à croire que la conscience des lois ait la moindre importance, comme il nous le dit : « En quoi ma pensée serait-elle influencée par des lois que j'ignore et qui ne sont jamais entrées dans ma réflexion ? » Il n'est pas loin de considérer que l'idée d'une cause aussi abstraite pour un événement aussi manifeste est un bel exemple de l'esprit tordu des scientifiques. Après un verre ou deux, il va jusqu'à citer le perroquet Laverdure de *Zazie dans le métro*, pour nous dire : « Tu causes, tu causes, c'est tout ce que tu sais faire ! » Et pourtant, cher ami, regarde en toi-même. Tu dis tout ignorer de la science et t'en soucier moins que d'une queue de cerise. C'est faux ! Elle est en toi au contraire, et elle peut être terriblement pernicieuse tant qu'elle reste confinée à ce niveau à peine conscient. « Voulez-vous me psychanalyser ? », demande-t-il en rigolant. Psychanalyser, c'est beaucoup dire. Nous allons simplement citer quelques exemples pour montrer combien la science imprègne toutes les consciences modernes et souvent, malheureusement, sous des formes distordues qui empêchent toute lucidité.

La Terre tourne

Le premier exemple concerne la place de l'homme dans le cosmos. L'histoire remonte au XVIe siècle lorsque Nicolas Copernic, un chanoine polonais doué en mathématiques et que nous avons déjà évoqué, publia peu avant sa mort, en 1543, une nouvelle inouïe : la Terre tourne. Elle tourne sur elle-même et circule en rond autour du Soleil. Cinquante ans plus tard, l'Inquisition — sourcilleuse gardienne des vérités autorisées — mesura les implications de l'idée et les éclats d'une sainte colère s'abattirent sur Galilée qui la colportait.

Il faut dire que quelques conséquences avaient déjà été tirées par Giordano Bruno, un de ces penseurs magnifiques de la Renaissance brûlant du désir de savoir au point d'y laisser sa vie. Si la Terre tourne autour du Soleil sans que les constellations paraissent se déformer, cela signifie que les étoiles sont à des distances énormes, bien plus grandes que celle de la Terre au Soleil. Mais si on voit tout de même la lumière de ces étoiles, c'est qu'elles sont très brillantes, autant que le Soleil. D'où l'idée évidente que le Soleil est une étoile parmi d'innombrables autres. Les conséquences théologiques étaient considérables et elles n'échappèrent pas à l'ex-dominicain qu'était Bruno. Si le monde clos explose dans l'infini, que devient le siège de Dieu dans le ciel et la place du Paradis ? Et s'il existe d'autres mondes habités tournant autour d'autres soleils, que devient l'incarnation du fils de Dieu sur cette Terre ? Bruno poussa l'analyse jusqu'à proclamer que Dieu se confondait avec la Nature. C'était du « panthéisme », un blasphème passible de la peine de mort. Bruno mourut donc cruellement, brûlé vif, et son procès n'est toujours pas révisé.

Le procès de Galilée, qui intervint peu après, fut une tragédie grandiose. Deux visions du monde s'affrontaient, de manière inégale il est vrai puisque l'une d'elles était seule à disposer du bûcher le cas échéant. Les preuves théologiques de l'immobilité de la Terre étaient assez maigres, il fallut faire appel à une longue station du Soleil au-dessus d'une plaine, pendant la campagne de Jéricho où le Dieu des armées arrêta le luminaire céleste assez longtemps pour terminer le massacre. Cet argument montre d'ailleurs l'existence d'un autre enjeu : celui des miracles.

La vision du monde des théologiens était autant déterminée par la Bible que par la pensée de Platon et d'Aristote. Ils concevaient le monde enclos dans une sphère, mue par Dieu lui-même, emportant les étoiles comme autant de clous lumineux ou d'ouvertures par où la splendeur divine filtrait. C'était là, au ciel, que se tenait le séjour de la perfection tandis qu'au centre la Terre se tenait immobile, écrasée par la pesanteur et davantage encore alourdie par le poids des péchés, tapie sous le regard divin. Si, en revanche, elle était admise à se mouvoir, notre planète devenait un astre et son mouvement supposait une loi supérieure. Ainsi, le procès de Galilée ne mettait en jeu rien de moins que l'image du monde, les mythes célestes et paradisiaques, la toute-puissance de Dieu, l'existence des miracles et la source de l'autorité qui décide du vrai : le dogme ou l'expérience ? Jamais, depuis Socrate, aucun procès n'avait été aussi exemplaire et Galilée fut condamné. D'une certaine manière, il fut condamné à quatre siècles de gloire au moins, et ses juges à une sentence aussi longue d'opprobre. On se réjouit que Jean-Paul II ait enfin révisé son procès.

L'invention de la lunette astronomique, suivie par les premiers télescopes, allait bientôt sceller les litiges de l'astronomie en confirmant l'immensité de l'Univers. Un véritable sentiment d'agoraphobie cosmique envahit alors certains esprits ; une brève pensée de Pascal nous en fait ressentir l'angoisse : « Le silence de ces espaces infinis m'effraie. » Notez qu'effrayer avait alors le sens que nous donnons à « terrifier ». Notez aussi que ce qui épouvante Pascal est le silence. Ce n'est pas le physicien qui parle en lui, bien qu'il ait lui-même établi l'existence du vide et que cela demeure un de ses titres impérissables de gloire. Le vide est par essence un lieu de silence, puisque les sons consistent en une vibration de matière, d'une corde, d'un métal ou de l'air, il faut de la matière pour que les sons se transmettent. La question est plus profonde pour Pascal, car sinon il aurait parlé de la cause (le vide) et non de l'effet (le silence) ; c'est le mystique et non le savant qui exprime son angoisse : où entendre la parole de Dieu dans l'immensité du vide ? La démesure de l'Univers sera perçue peu à peu par un nombre croissant d'individus. Elle est devenue évidente à présent, car tout le monde a pu voir des photos prodigieuses de galaxies et de quasars, ou les voiles de nébuleuses projetées dans le vide par des étoiles mourantes, tandis que d'autres étoiles s'apprêtent à naître.

Qu'est-ce alors que l'homme dans l'Univers immense et comment peut-il y prétendre à se connaître lui-même ? Comment ne pas reconnaître que, depuis Copernic, les religions et les philosophies s'égarent dans un espace devenu beaucoup trop vaste pour elles et qu'aucune révélation n'avait laissé pressentir. Quelle conscience peut se dire indemne de cette blessure, à moins qu'elle ne soit assommée de torpeur ?

DES LOIS MAL COMPRISES

La connaissance des lois naturelles permettrait-elle de prévoir l'avenir, en gros ou en détail ? La réponse des scientifiques est parfois positive, lorsque la question est bien posée et qu'on dispose des informations nécessaires, mais en général elle est négative. Cela surprend ceux qui se font de la science une image magique. Jusqu'à la Renaissance, on réservait souvent le nom de science à la faculté de prédire, qu'on retrouve dans les « sciences occultes ». Comment ne pas prédire en effet, quand il suffit pour cela d'observer le vol des oiseaux, les entrailles des poules, d'interpréter des rêves, une date de naissance ou des lignes de la main, à moins de consulter le yi king, d'utiliser un jeu de tarots, une boule de cristal, d'observer les oscillations d'un pendule en tenant compte le cas échéant de l'épaisseur des oignons et de la couleur de la Lune, tout en lisant gravement le livre de l'Apocalypse, les *Centuries* de Nostradamus et la liste des papes de Malachie.

La science est identifiée à l'exactitude des prédictions par ceux qui la connaissent le moins. Il est vrai que les scientifiques eux-mêmes sont passés par là pendant une longue période et que cela a laissé des traces : c'est toute l'histoire du « déterminisme ». Lorsque Newton eut établi les lois du mouvement sous la forme de quelques équations, certains esprits curieux remarquèrent une propriété algébrique de celles-ci. Si l'état d'un objet mécanique (par exemple une planète, une brouette, un nuage ou une horloge) est connu à un certain instant et cet objet laissé à lui-même, alors son évolution ultérieure est *exactement* déterminée. Cela est vrai et l'on imaginerait mal, par exemple, d'envoyer des satellites artificiels dans l'espace sans cette faculté de prédire leur mouvement. C'est ce genre de réflexions qui conduisit des savants de renom, dont Laplace au début du XIXe siècle, au déterminisme.

La thèse philosophique du déterminisme s'énonce ainsi : les lois de la matière et du mouvement sont universelles, elles imposent que l'état de la totalité de ce qui est dans le monde à un certain instant détermine exactement ce qui se produira par la suite. Tout serait donc écrit, en somme, dans la donnée d'un seul instant. Cette doctrine d'abord savante pénétra peu à peu les esprits, en y imprimant une représentation des lois de la nature comme des règles infaillibles, gouvernant des mécanismes implacables.

Or le déterminisme a maintenant du plomb dans l'aile. Il déraille totalement au niveau des atomes à cause des phénomènes quantiques. Sa capacité de prédire peut aussi se révéler illusoire, parfois même là où les lois de Newton sont valables. On cite souvent à ce propos les lois des mouvements de l'atmosphère, c'est-à-dire la météorologie. Des mathématiciens ont analysé ces lois de plus près que ne l'avait fait Laplace et ils ont constaté un fait curieux. L'état de l'atmosphère (de la mer, du Soleil, etc.), un jour à une heure donnée, détermine effectivement son état ultérieur, mais dans un sens totalement inutile. Il faudrait en effet pouvoir connaître l'état initial avec une précision absolument inaccessible pour obtenir des prédictions certaines ; mieux même, il faudrait connaître un nombre infini de données avec une infinité de chiffres pour les préciser. Cette impuissance est illustrée par le papillon de Lorentz, un des premiers mathématiciens à avoir étudié ces questions. Il suffit, disait-il, d'un battement d'ailes d'un papillon au Brésil pour que la prédiction théorique bascule d'un temps calme dix jours plus tard à la formation d'un cyclone quelque part en Indonésie.

L'exemple de Lorentz est souvent mal compris. On l'interprète de manière erronée comme si les scientifiques prétendaient que les papillons sont la véritable cause des cyclones. Mais ce n'est pas ainsi qu'il faut l'entendre, un mathématicien répondrait, comme le César de Pagnol au naïf Escartefigue : « Tu ne comprends pas. Nous causions scientifiquement. » Ce que Lorentz présentait n'était qu'un exemple de phénomène « chaotique », c'est-à-dire de certains systèmes dont les *équations* ont des solutions qui deviennent incontrôlables au bout d'un instant, et personne n'y peut rien. Connaître les lois d'un mécanisme ne permet pas toujours de dire avec certitude comment il fonctionne, même en principe. Il y a beaucoup de chaos de ce genre dans la nature, et nous verrons bientôt que c'est heureux.

Fermons cette parenthèse et revenons aux méfaits du déterminisme dans les esprits. Un des exemples les plus malheureux est celui de Karl Marx. C'était incontestablement un homme d'une grande intelligence, mais il était soumis comme nous tous aux influences de l'esprit du temps. Cet esprit était celui du scientisme du XIXe siècle. Puisque la matière a des lois, Marx pensa après Hegel que l'histoire devait avoir les siennes. Comme il était philosophe, il retomba dans le piège immémorial et fatal tendu à ses pareils, celui de croire qu'on peut atteindre d'un coup à la vérité par la seule application de l'intelligence à quelques cas et quelques faits isolés. Plus on est intelligent et plus on imagine aisément des lois possibles, des structures tentantes, des corrélations remarquables et des preuves dialectiques. Plus on est intelligent, donc, et plus on risque de se tromper intelligemment, ce qui signifie que l'on va convaincre un grand nombre d'autres gens.

C'est ainsi que Marx imagina connaître à coup sûr les concepts qui décrivent exactement la société, ainsi que des lois, qui permettront d'en prédire le cours. Il n'est pas nécessaire de rappeler sa doctrine (dont tout n'est certainement pas à rejeter), mais de souligner sa démarche : elle consiste à poser *a priori* qu'il existe des lois pour quelque chose, à prétendre ensuite connaître ces lois par on ne sait quelle opération, puis d'en déduire des conséquences qu'on proclame infaillibles, quitte à les modifier par la suite si la nécessité l'exige. On pose pour finir une règle morale dont la vertu consiste à tout faire pour que les prédictions s'accomplissent. La construction a fait recette dans les multiples sectes religieuses, sociales ou philosophiques.

L'idéologie est toujours prête à mordre dans les cervelles un peu grasses. Dès que quelqu'un nous dit : « Voilà ce qui va se produire, il convient de le hâter », nous devons savoir qu'il s'agit encore d'une séquelle d'un déterminisme aveugle et désuet, et d'une incompréhension flagrante de ce qu'est vraiment une loi.

Il ne devrait plus être courant de se tromper de manière absolue sur le caractère véritable des lois, comme dans ce texte fameux de Louis Althusser qui nous paraît exemplaire : « Cette œuvre gigantesque qu'est *Le Capital* de Karl Marx contient tout simplement l'une des trois plus grandes découvertes scientifiques de toute l'histoire humaine : la découverte du système des concepts (donc de la *théorie scientifique*) qui ouvre à la connaissance scientifique ce que l'on peut appeler le "Continent-Histoire". Avant Marx, deux "continents" d'importance comparable avaient été ouverts à la connaissance scientifique : le Continent-Mathématiques, par les Grecs du Ve siècle, et le Continent-Physique par Galilée[1]. »

L'homme après Darwin

Rien ne structure plus profondément un être humain que la façon dont il conçoit sa propre condition. Pendant des millénaires, et aussi loin que le regard plonge, l'homme s'est défini par rapport aux dieux, bien plus qu'il ne se comparait aux autres êtres vivants. Il pouvait se croire destiné à la

---

1. L. Althusser, « Avertissement aux lecteurs du livre I du *Capital* », Paris, Garnier-Flammarion, 1969, p. 7, cité par J.-M. Besnier, *Histoire de la philosophie moderne et contemporaine*, Paris, Grasset, 1996, p. 592.

réincarnation, sombrer dans l'oubli du Léthé grec ou les ombres du Schéol hébreu, ou bien s'attendre à être jugé par son créateur, le résultat était toujours le même : l'homme avait un destin. L'espèce humaine était unique par essence et un dieu, qu'il soit un ou multiple, ou un ordre inhérent au monde comme chez les bouddhistes, suivait chaque être humain dans tous ses actes à tout instant, jusque dans ses pensées et ses rêves.

Puis vint Darwin. 1859 fut la date fatidique à laquelle il publia *L'Origine des espèces*. L'événement provoqua d'abord beaucoup de brouhaha. On rompit des lances, on vitupéra et on s'injuria de part et d'autre, mais c'est maintenant du passé. Aujourd'hui, il faut vivre très loin de son temps pour ignorer, ou pour ne pas ressentir que l'homme est un être vivant fort peu différent des autres, que son esprit est en quelque sorte le couronnement de tout ce qui vit et que son destin — puisque c'est de cela qu'il s'agit — est inscrit dans l'histoire de l'Univers et non dans un jugement divin.

Ceux qui l'ignorent sont encore nombreux sur terre, la plupart d'entre eux sont simplement ignorants de beaucoup de choses, et souvent pour leur malheur. Le cas de certains « fondamentalistes » est plus surprenant, surtout quand il s'accompagne d'arguments qui se voudraient à leur tour scientifiques. Peu leur importe qu'un siècle et demi de recherches en paléontologie ait permis de reconstituer les lignées animales et végétales, y compris celle de l'homme. Ils ne veulent voir que les hiatus. Peu leur importe que l'étude des génomes confirme en tout point cette histoire et que l'évolution des espèces soit à présent doublement établie par la paléontologie et la génétique. À les entendre, Dieu aurait simplement voulu dès le jardin d'Éden que deux pour cent de différence entre les gènes des chimpanzés bonobo et ceux de l'homme impliquent cent pour cent de différence entre l'être de l'un et de l'autre.

Qu'en pense notre ami Menfous dont nous parlions plus haut ? Sait-il quelle est sa place dans la toile serrée des êtres vivants ? S'il est croyant, sa croyance n'est-elle pas effleurée par la nouvelle vision de la nature humaine ? S'il est athée, ne lui faut-il pas reconnaître que son athéisme a été nourri par la science au cours des siècles passés ? Les trois exemples que nous avons cités, ceux du déterminisme, du marxisme et du darwinisme, convergent vers une même conclusion. Que nous le voulions ou non, que nous le reconnaissions ou non, l'esprit de chacun d'entre nous est marqué au plus profond de lui-même par les leçons de la science, qu'elles soient bien comprises ou déformées.

Ainsi la moisson extra-humaine des faits et des idées observés et conçus par la science est la clef de la modernité et de la mutation actuelle. Cette assertion remarquable était donc bien ce qu'il fallait démontrer, comme ne manquait pas de conclure Euclide chaque fois qu'il faisait une pause.

Chapitre 3

DES LOIS EXTRA-HUMAINES

La mutation, qui vient de s'emparer de l'humanité en quelques siècles et qui la secoue en ce moment même, est due, disions-nous, à la découverte par l'homme des lois de la nature qui semblent le dépasser. Il sera commode de parler à leur propos de lois « extra-humaines », parce qu'elles forcent à porter le regard *au-delà* des limites étroites de l'humain. Nous employons ce mot, formé sur le modèle d'extra-terrestre, parce qu'il nous semble traduire le véritable mystère des lois sans renoncer à l'humain, face à elles. La langue française est ainsi faite qu'aucun mot commode n'existe pour marquer une distance irréductible à l'humain, sauf à recourir au contraire, c'est-à-dire à l'inhumain. Mais avec ses synonymes ordinaires tels que « cruel » ou « monstrueux », ce mot d'inhumain serait excessif dans le cas présent, même si l'on concède qu'il y a de la beauté en ce qu'une langue oblige à dire que ce qui n'est pas humain est par là même cruel ou monstrueux. Il y a tout l'humanisme dans cette pauvreté du langage, et nous-mêmes recourons justement à un néologisme pour garder quelque chose de l'humanisme.

Nous allons passer quelque temps à parler des lois et il y a plusieurs raisons à cela. La première est essentielle : s'il est vrai que la découverte des lois est à la charnière de l'histoire moderne, y compris ses merveilles et ses horreurs, ses puissances et ses erreurs, il serait fou de ne pas vouloir en connaître les causes. La deuxième raison est que l'on parle très peu des lois, incroyablement peu, alors qu'il serait primordial de les prendre pour référence. La troisième raison est qu'effectivement trop peu de gens connaissent les lois et méditent sur elles, alors que nous avons eu la chance de les côtoyer tous les jours dans notre métier. Cela nous crée un devoir de témoignage.

Il est vrai qu'il ne s'agit pas d'un thème commode, il oblige à réfléchir, mais qui peut s'en plaindre ? Le plus important est sans doute de ne pas supposer une masse de connaissances préalables, un vocabulaire frotté de « m'as-tu vu quand on m'entend ? », de ne pas parler en somme aux savants. D'ailleurs, personne n'est un savant aujourd'hui. S'il arrive à certains d'entre nous de posséder sur le bout du doigt des sujets difficiles, c'est presque toujours au prix d'ignorances béantes sur d'autres sujets. Nous voudrions donc parler des lois comme si nous en ignorions tout et les découvrions nous-mêmes. Nous n'hésiterons pas à nous répéter d'un chapitre à l'autre, parce que certaines choses doivent être inlassablement redites.

Ce silence m'effraie

Il faut revenir à Pascal, parce qu'il semble y avoir de l'inhumain dans l'extra-humain et qu'il faut le regarder en face avant de pouvoir le dépasser. « Le silence de ces espaces

DES LOIS EXTRA-HUMAINES 63

infinis m'effraie. » Pascal ressentait cet effroi devant deux infinis béants, celui de l'Univers et celui des profondeurs de la matière qui semblent tous deux nous arracher à nos repères. Mais que dirait-il alors aujourd'hui ?

Voyez l'Univers. La figure 1 en montre un petit coin, observé pendant des mois par le télescope spatial Hubble,

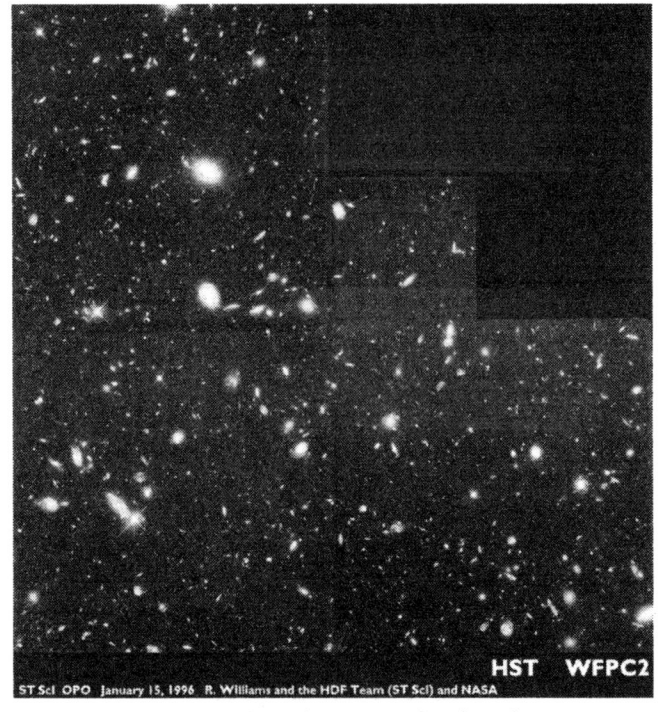

Une portion du ciel, grande comme une tête d'épingle tenue à bout de bras, observée par le télescope spatial Hubble et révélant la présence de nombreuses galaxies : tous les points, toutes les formes et toutes les taches qui y apparaissent sont des galaxies !
(HST-NASA.)

assez longtemps pour distinguer les objets les plus lointains. Ce sont des galaxies aux formes spirales, elliptiques ou irrégulières. Quand on remonte d'un petit coin tel que celui-ci à tout ce qui peut se trouver dans l'Univers visible, on arrive à des nombres stupéfiants : il existe environ cent milliards de galaxies au total.

Nous vivons dans l'une de ces galaxies et la figure 2 montre ce qu'on y voit. Il s'agit à nouveau d'un petit coin du ciel, mais qui se trouve cette fois beaucoup plus près de nous (enfin, disons, pas trop loin en années-lumière). On y plonge dans une profusion, une foule d'étoiles. Quand on calcule combien il y en a dans notre galaxie, on arrive à nouveau à une centaine de milliards. Si l'on multiplie ce nombre par celui des galaxies, on arrive à une estimation d'environ dix mille milliards de milliards d'étoiles dans l'Univers... dont l'une s'appelle Soleil !

Voyons maintenant la matière. On la sonde à présent jusqu'à des distances d'un cent-millionième de milliardième de centimètre, et l'on découvre toujours des phénomènes nouveaux à mesure qu'on plonge plus profond. Tout semble étrange dans ce monde des atomes, tellement différent de ce qui nous est familier que l'on croirait un autre monde.

Tous ces phénomènes étranges auraient pu rester incompréhensibles, insaisissables, et aussi infiniment mystérieux que les infinis dont ils portent la marque. Mais ce n'est pas le cas. Ce n'est absolument pas le cas ! On découvre au contraire partout des *lois*, des lois presque incroyables par leur profondeur et leur subtilité. Et le plus étonnant, c'est peut-être leur universalité, car leur emprise s'étend à l'Univers entier, en même temps qu'aux moindres recoins de l'atome. Rien ne leur échappe. S'il existe une parole qui

Des lois extra-humaines 65

Cette photographie montre les étoiles présentes dans une petite portion de notre galaxie, dans la constellation du Centaure. (HST-NASA.)

puisse rompre le silence qui brisait le cœur de Pascal, elle ne peut résonner que dans les lois, et c'est à elles que nous voudrions nous ouvrir avec vous.

Vous demanderez peut-être pourquoi nous classons les lois de la nature dans l'extra-humain, alors que ce sont des hommes et des femmes après tout, des humains, des chercheurs, qui se donnent pour vocation de les découvrir et de les écrire. Ce sont des êtres humains qui travaillent auprès des grands télescopes ou recueillent les données des satellites, qui s'affairent et expérimentent auprès des grands accélérateurs. La raison pour laquelle nous disons que leur récolte est extra-humaine tient à ce que les chercheurs n'inventent pas les lois. Ce ne sont pas des artistes qui créent. Ils *découvrent*, et ce qui se révèle à eux dépasse l'imagination humaine. Les lois de la nature apparaissent comme un message extra-humain que des hommes, délégués pour cela par l'humanité, rapportent à leurs frères humains.

Ces lois fascinantes rendent banal presque tout autre niveau de pensée. Les religions révélées n'en ont pas apporté la révélation, aucune métaphysique n'est parvenue à les concevoir. Les philosophies humanistes ne sont guère à meilleure enseigne, elles étouffent dans ce vide immense qui les dépasse.

Les lois. La plupart d'entre nous savent-ils seulement de quoi il s'agit ? Nous craignons fort que non ! Oh, certes, nous avons tous appris au lycée des lois diverses : celles de Newton pour la mécanique, quelques-unes qui traitaient de l'optique, de l'électricité, de la génétique, de la chimie, et d'autres. Cela permet de comprendre bien des choses — quand on s'en souvient —, mais cela ne donne qu'une idée très incomplète de ce que les lois sont véritablement, ou jusqu'où leur domaine s'étend, très au-delà des recoins familiers de l'humain.

La plupart d'entre nous comprennent encore les lois comme on l'a fait pendant des siècles. On les envisageait depuis l'origine comme des mécanismes, des automatismes, ou des recettes qui réussissent à tout coup (c'est ce qu'en disait Paul Valéry). Descartes les concevait plus ou moins ainsi, et aussi Newton, et Pascal entre eux deux, ce qui d'ailleurs explique son effroi. Il sait, ou il devine, qu'il y a des lois dans les deux infinis, mais si ces lois sont des mécanismes qui forcent et qui écrasent tout ce qui existe, alors elles sont non seulement extra-humaines mais vraiment inhumaines : cruelles, barbares, diaboliques et non pas divines.

On ne saurait trop souligner qu'il n'en est rien et que l'on s'est trompé pendant trois siècles sur le caractère des lois. On sait à présent que l'idée de lois qui traduiraient autant de mécanismes aveugles était profondément erronée. Les lois les plus universelles sont celles qui le montrent le plus clairement. Mais voilà, on les connaît depuis trop peu de temps, moins de cent ans pour toutes, quelques décennies à peine pour certaines, c'est-à-dire bien trop peu de temps à l'échelle où les sociétés tissent leurs cultures. La bonne nouvelle pénètre à peine l'esprit de l'espèce humaine et l'on parle très rarement des lois en prenant le recul nécessaire. On ne dit rien de leur *nature*, de leur *caractère*, et l'ignorance de certains savants à cet égard est révélatrice. C'est pourquoi nous vous proposons d'analyser ensemble la nature des lois naturelles. Le sujet peut paraître abstrait, mais vous verrez combien son importance est *vitale* pour nous tous.

Parlons des lois

Parlons donc des lois. Il ne peut s'agir évidemment que de celles que nous connaissons, c'est-à-dire déjà découvertes et vérifiées par l'expérience. Les journaux sont souvent emplis de spéculations qui portent sur des phénomènes plus ou moins bizarres ou des théories qui sont encore à l'état d'ébauches et auxquelles on donne des formes aguicheuses. L'information détruit le savoir, comme à l'habitude, et deux ou trois picaillons de nouveauté paraissent préférables à la grotte d'Aladin (ou au coffre de Picsou), là où les vrais trésors sont disponibles. En d'autres termes et quitte à nous répéter, nous ne voulons parler que des lois bien établies.

Les plus fondamentales ne sont pas nombreuses. Elles parlent d'un contenant et d'un contenu. Il y a le contenant absolu, l'espace-temps, dont la loi est celle de la relativité générale. Il y a aussi un contenu total, la matière, sous toutes ses formes y compris le rayonnement. Là, les lois sont quantiques. Ces lois sont dites « fondamentales » en ce sens que toutes les autres, les innombrables autres dans des multitudes de cas, d'objets et de circonstances, dérivent de celles-là. Ces lois sont si peu nombreuses qu'on pourrait les écrire sur quelques pages, et moins encore en compactant l'écriture. Quelques pages, direz-vous peut-être, mais alors pourquoi ne pas les inscrire au début de tous les livres de science et de philosophie, ou des manuels scolaires ?

Il y a, malheureusement, un obstacle redoutable. Il se trouve en effet que les lois sont formulées dans un langage mathématique, difficile, abstrait, dont la profondeur n'a d'égale que celle des lois qu'il exprime. Les lois de la relativité générale, découvertes par Einstein en 1915, faisaient appel à ce qu'on connaissait de plus raffiné en géométrie à l'époque : des espaces à quatre dimensions où sont apparues depuis d'étranges singularités comme les trous noirs ou un début de l'Univers où la géométrie s'interrompt. Les lois qui gouvernent les particules, selon ce qu'on appelle le « modèle standard », font intervenir des mathématiques si nouvelles que l'on n'est pas encore parvenu à les réduire à celles que les mathématiciens maîtrisent complètement. Écririons-nous donc les lois dans ce livre qu'elles seraient illisibles, sauf pour les experts. On pourrait expliquer, donner des exemples et dérouler des conséquences sans nombre, mais il resterait toujours quelque part ce noyau dur, irréductible, de mathématiques. Les meilleurs pédagogues ont essayé de surmonter cette barrière de l'abstrait, mais ils n'y sont jamais parvenus et c'est pourquoi les lois demeurent malheureusement, pour presque nous tous, des hiéroglyphes illisibles ou des recettes ésotériques. Nous n'allons donc pas essayer de décortiquer ces formules, nous tenterons plutôt de les décrire pour donner une idée de leurs résonances immenses. Nous commencerons donc en quelque sorte par un éloge des lois.

Quelques caractères des lois

Les relations des lois de la nature et des mathématiques sont tellement étroites qu'on peut se demander si les mathématiques, dans leur principe, ne feraient pas elles-mêmes partie des lois. On sait comment Euclide déduisait de cinq postulats et quelques axiomes toute la géométrie, ses concepts, ses figures et ses théorèmes. Il en va essentiellement de même des grandes lois dont tout semble procéder.

Elles contiennent toute la création en puissance. Ainsi, il fut un temps, jadis, vraiment jadis, c'est-à-dire un peu moins d'un million d'années après la naissance de l'Univers, où il n'existait que de la matière et de la lumière réparties uniformément, comme une sorte de mer primitive qui emplissait tout l'espace. Il n'y avait pas d'étoiles, pas de planètes, pas même d'atomes ni de noyaux un peu amusants, comme ceux du carbone ou de l'oxygène. Rien ou presque, mais les lois existaient déjà, au-dessus du temps pourrait-on dire. Elles tenaient en réserve toutes leurs conséquences que le temps allait dérouler comme la logique alignerait des théorèmes de géométrie que personne n'avait encore énoncés. Ainsi le temps fait-il apparaître les conséquences des lois, comme la fleur et le fruit qui étaient en puissance dans la graine.

Les lois de la relativité générale, celles de l'espace-temps, ont engendré deux effets apparemment contraires : l'expansion de l'Univers, qui dilate l'espace, et les forces de gravitation, qui compactent la matière. La gravitation a rassemblé la matière uniforme du début pour façonner les galaxies, les premières étoiles, et beaucoup plus tard les planètes. Les lois qui gouvernent la matière ont fait s'échauffer les étoiles à mesure qu'elles se contractaient, jusqu'à briller sous l'action de cette chaleur, et des noyaux nouveaux se formèrent en leur sein, toujours par un effet des mêmes lois. Ce sont ces noyaux, bouillis dans l'alambic des premières étoiles, qui constituent maintenant l'essentiel de notre planète. La vie est sans doute le fruit du long dévoilement des conséquences des lois, très longtemps restées secrètes.

Nous avons dit que les lois paraissent étranges quand on les voit pour la première fois. Ainsi, l'idée d'espace-temps avait choqué. Bergson, qui fut pourtant le plus grand philosophe de la IIIe République, ne parvint jamais à admettre les lois troublantes de la relativité générale, vérifiées aujourd'hui avec précision. Les grands principes qui gouvernent la matière profonde — ceux de la mécanique quantique — ont été aussi un objet de scandale philosophique, on y a vu un défi au bon sens. C'était en partie justifié. Ces lois sapaient en effet les bases sur lesquelles les penseurs les plus exigeants s'étaient appuyés jusqu'alors, notamment le mécanisme, et cela mérite que nous en disions quelques mots.

Il n'y a plus de cause et d'effet dans le monde des particules, mais une combinaison des possibles, une addition de tout ce qui peut advenir sans aucune contrainte. Nous disons bien une addition des possibles et non un tirage au sort, car il s'agit d'un jeu très subtil que l'on dégrade quand on le ramène à un pur hasard.

Les lois quantiques, dont nous parlerons davantage plus loin, nous interdisent de *penser* qu'un électron — par exemple — a une certaine position dans l'espace et qu'il se déplace sur une trajectoire. Aucune expérience ne peut montrer *a fortiori* de telles trajectoires.

Les phénomènes du monde quantique ne sont pas continus mais abrupts. C'est pour cela qu'on les appelle « quantiques », d'un mot qui s'oppose à « continu ». Certains phénomènes ont lieu d'un coup, sans transition, comme par exemple l'émission d'un photon de lumière par un atome.

Il arrive aussi que deux objets très éloignés l'un de l'autre ne soient pas séparables en deux parties indépendantes. On peut faire rêver les curieux en employant alors le mot séduisant de « téléportation ».

Il y a en fait, derrière cette magie apparente, des lois parfaitement cohérentes, vérifiées maintenant sous tous leurs aspects et dont l'étrangeté a une raison simple. Notre imagination et notre intuition s'étant forgées dans un monde à moyenne échelle, c'est-à-dire notre propre échelle, rien ne nous permet de nous représenter le monde des atomes et des particules ni celui de l'espace-temps. Qui plus est, les mots de notre langage, quoiqu'ils décrivent fort bien ce que nous voyons tous les jours, n'ont pas la finesse des mathématiques si bien qu'il leur arrive de nous égarer aussi souvent qu'ils nous aident.

Des lois subtiles

L'homme III que voulait esquisser le démiurge ne pourra s'affirmer que devant les lois, car les lois sont, et nul n'y peut rien. Il faudra que l'homme se situe face à elles, et cela exigera qu'il sache en extraire le sens. Cette révélation de l'extra-humain nous semble au moins aussi importante que toutes celles des religions et toutes les constructions de la philosophie. On aimerait sans doute que des prophètes nous l'enseignent et que nous n'ayons qu'à les suivre, mais les choses ne sont malheureusement pas si simples. Les individus ont appris à penser par eux-mêmes, ils veulent que la vérité naisse en eux, qu'elle leur appartienne en propre, aussi les prophètes ne peuvent-ils que semer des graines. Il en est un pourtant que nous admirons profondément. Il s'agit d'Einstein dont, en restant dans le cadre de notre éloge des lois, nous voudrions nous inspirer lorsqu'il constatait que « Dieu est subtil, mais il n'est pas méchant ».

Évitons d'entrer dans une polémique stérile à propos de la référence à Dieu. Nous avons vu que l'extra-humain existe, qu'il nous prend en tenaille entre deux infinis et qu'il est structuré par des lois qui sont de l'ordre de l'esprit. Gardons néanmoins ce nom, Dieu, qui résonne au-delà de tout autre quand on essaie de parler de l'extra-humain, et oublions les théologies, quelles qu'elles puissent être. Ainsi, Dieu n'est pas méchant. Quand Einstein dit cela, il ne parle que des lois. Il s'émerveille que les efforts humains puissent accéder jusqu'aux lois, lesquelles sont en quelque sorte la récompense d'un travail collectif qui ne recherche que la vérité. Dieu n'est pas méchant, puisque l'extra-humain consent à laisser transparaître ses lois.

Mais le Dieu d'Einstein est d'abord subtil, ce qui signifie — dans ce contexte — que les lois le sont. Gare à ceux qui s'y méprennent et qui les simplifient à coups de hache. Pensons à Marx, qui croyait connaître la matière dans son essence ainsi que la nature des lois, jusqu'à en travestir l'histoire. Pensons aussi à ceux qui s'enferment dans un déterminisme absolu. Un phénomène peut servir d'exemple à ce propos.

Cet exemple est récent. Il s'agit d'un effet qui n'est établi par l'expérience que depuis sept ans et qu'on appelle la *décohérence*. Il résulte directement des principes quantiques, bien qu'il ait fallu plus d'un demi-siècle pour le mettre au jour. C'est un effet très subtil, assez semblable à un phénomène d'interférences et cependant beaucoup plus riche, sur lequel nous aurons l'occasion de revenir. Disons simplement pour l'instant que c'est lui qui opère la *transmutation* des lois, quand on passe du monde des particules à celui que nos sens et nos instruments atteignent. C'est à ce niveau, quand un nombre suffisant d'atomes est rassemblé, quand on passe du microscopique au macroscopique, de l'infiniment petit au seulement très petit, que l'apparence des lois se transforme entièrement. Le hasard absolu se transmute par exemple en déterminisme. Cela peut sembler absurde à première vue : comment le hasard peut-il engendrer la nécessité ? Les mots s'opposent radicalement. Mais c'est là que les mathématiques révèlent leur profondeur dialectique, car on peut démontrer que, à grande échelle, la probabilité pour que la causalité n'agisse pas est très petite, extrêmement petite. C'est donc le point de vue quantique, celui du hasard, qui reste le maître du jeu et le plus proche des principes, tout en s'accordant subtilement avec l'évidence que nous avons sous les yeux.

En effet, quand un enfant lâche une balle en écartant simplement les doigts, la balle doit tomber au sol, mais la cause que constitue la main qui s'ouvre n'entraîne cet effet qu'avec une quasi-certitude et non une certitude absolue. La balle pourrait sauter au plafond ou traverser un mur, mais la probabilité pour cela — que l'on sait calculer — est si faible que personne n'a jamais rien vu de pareil. En revanche, à l'échelle des particules, les improbables deviennent possibles et ils sont monnaie courante : ils deviennent la règle. Ils sont plus près des premiers principes, c'est-à-dire des lois fondamentales.

Nous reviendrons sur la subtilité des lois, car il est clair qu'elle exige à son tour une explication moins grossière. Qu'elle nous apprenne au moins déjà à ne pas nous prendre aux pièges des mots et des idées toutes faites. Que, vis-à-vis des métaphysiques et des religions, elle nous avertisse qu'il y a risque de contradiction à croire en la transcendance et à prétendre aussitôt l'enfermer dans des mots creux. Vis-à-vis des philosophies, qu'elle nous rappelle que la dialectique n'est pas une bonne méthode d'accession à la vérité, mais un pis-aller qui n'échappe pas, lui non plus, à la vanité des mots.

Chapitre 4

LE JEU D'ÉCOUTE-S'IL-PLEUT

Comprendre, c'est-à-dire se comprendre entre les deux infinis autant que les comprendre eux-mêmes, comprendre la mutation et entrevoir où elle nous mène, exige de prendre conscience des lois. Or on réduit trop souvent leurs conséquences à de purs mécanismes — en biologie par exemple — dont le déterminisme doit être tempéré : les lois vont-elles jusqu'à supprimer la liberté ? Ces questions impératives nous incitaient à présenter les lois dans toute leur grandeur et leur subtilité, du moins autant que faire se peut.

Mais cela peut-il se faire ? Le grand obstacle, qui vient d'être évoqué, est celui des mathématiques. Dans les facultés et les grandes écoles scientifiques où les lois quantiques sont présentées, on ne s'y risque que deux ans après un baccalauréat scientifique. Peut-on prendre un raccourci pour comprendre ces lois dans leur caractère et non dans leurs détails ? C'est la question que nous nous sommes posée. On dit la chose impossible, nous avons pourtant voulu essayer, en supposant évidemment le lecteur disposé à un certain effort d'imagination.

Quand nous-mêmes pensons à ces lois, notre contemplation est mêlée d'émotion, de respect et d'une admiration sans borne. Comment le faire partager ? Nous pensons surtout aux plus jeunes et voudrions ne pas nous adresser à la cantonade, au lecteur abstrait des livres d'intellectuels écrits pour les intellectuels, mais à quelqu'un qui ne soit pas notre image dans un miroir, quelqu'un surtout qui éprouve des sentiments quand il pense. C'est pourquoi, qui que vous soyez et quel que soit votre âge, nous voudrions nous adresser à la jeunesse qui est en vous, votre jeunesse et un peu de vos rêves aussi. Nous donnerons même un nom à cette jeunesse pour que sa présence se fasse mieux sentir. Quel nom ? Pourquoi pas Nathanaël et ses quatre syllabes magiques, qui servit à André Gide à chanter l'enthousiasme ?

C'est donc à toi, Nathanaël, que nous nous adresserons. Le monde t'éblouit et t'inquiète, mais ton destin est de le comprendre et non de le subir, toi qui cherches la nouvelle forme de l'humain. Nous laisserons au poète le soin de chanter en toi, à l'artiste celui de t'inspirer et, quant à nous, qui ne sommes que deux vieux sages un peu fous, suffisamment savants pour connaître l'étendue de leur ignorance, nous voudrions t'apprendre à voir au-delà de ce qui se voit. Nous n'allons donc pas te redire ce que tes yeux peuvent trouver de beau dans les apparences du monde, nous te parlerons d'une beauté secrète, universelle, qui se cache en toute chose, même la plus ingrate. Car les choses ont une âme, Nathanaël, et c'est la même âme pour toute chose et pour tout ce qui vit ; un philosophe de jadis, Plotin, l'appelait « l'âme du monde », on dit maintenant « les lois ». C'est de cela qu'il s'agit.

Comme tout ce qui est insaisissable aux sens, impondérable, cette âme, cette loi, est purement intérieure, intérieure à toute chose comme à l'ensemble formé par toutes les choses. Elle est dedans. Regarde-la : tu ne la vois pas. Pense-la : elle se présente. Ressens-la, elle t'emplit, elle t'apaise, elle te rend plus grand. Songe, Nathanaël, à l'Univers immense où tu pourrais n'être rien et où pourtant tu es l'unique lieu, toi l'humain, où l'Univers se pense. Tu es cela. Rien n'est plus grand que toi dans ta fragilité et rien ne porte une responsabilité plus grande que ta faiblesse. Cela, c'est aussi ce qui peut t'armer de grandeur et d'amour si tu sais comprendre. Comme nous ne sommes ici que les vieux qui vaticinent et font signe du doigt, qui suggèrent, tout doit venir de toi, en toi. Ce n'est que si tu cherches à voir l'invisible que le visible peut s'éclairer. Viens !

Quelles sont les lois ?

« Alors, dites-moi quelles sont les lois. » C'est évidemment ta première question, Nathanaël. Nous l'attendions, mais elle nous embarrasse et nous nous regardons l'un l'autre à qui ne parlera pas le premier. Il est vrai que nous croyons connaître quelque chose des lois ; mieux même : admettons que nous les connaissions. Celles qui nous sont les plus familières se présentent comme de grands principes du monde physique. On les divise en deux groupes, selon qu'ils concernent le contenant ou le contenu de l'Univers. Le contenant, c'est l'espace, mais aussi le temps, car les deux sont inséparables pour les lois qui les unissent dans un espace-temps. Le contenu, c'est à la fois la matière et le rayonnement (ce nom désignant tout ce qui participe, de près ou de loin, à la lumière).

La matière, comme tu le sais, est faite d'atomes ; les atomes comportent un noyau et des électrons ; les noyaux sont des assemblages de protons et de neutrons, c'est-à-dire de deux espèces de particules assez semblables dont on sait depuis peu qu'elles sont à leur tour composées de trois quarks. « Mais c'est bizarre, ce nom de quarks, remarque Nathanaël, d'où vient-il ? » C'est vrai qu'il ressemble à une onomatopée, comme plouf ou bing. Dans un roman célèbre de James Joyce[1], un garçon de restaurant annonçait une commande, « et trois quarks pour Monsieur Bloom », et c'est en lisant cela que Murray Gell-Mann, le physicien qui subodora le premier qu'il existe des particules qui vont par trois, eut l'idée d'adopter ce nom de quark. Il aurait voulu que ce soit un mot sans passé et sans contenu, un mot encore vierge en quelque sorte avant que la recherche ne lui donne corps[2]. Il est dommage que l'on ait reconnu depuis qu'il s'agit simplement d'un banal fromage…

Mais nous nous égarons. Nous parlions des lois de la matière et tu demandais ce qu'elles sont. Il y a celles dont tu as entendu parler, celles du mouvement que Newton a découvertes, voilà déjà longtemps. Il y a aussi celles de la chimie, qui concernent la composition de la matière. Mais on s'est aperçu au XXe siècle qu'il existe d'autres lois, beaucoup plus générales et dont celles du mouvement et de la chimie ne sont que des facettes. La science qu'elles fondent s'appelle « mécanique quantique », c'est encore un exemple de mot opaque qui recouvre une grande idée, comme le mot « quark ». *Quantum* est un mot latin qui désigne une

---

1. James Joyce, *Finnegan's Wake*, Paris, Gallimard, 1982.
2. Il est difficile de donner un nom à ce qui touche de près à l'être des choses et le pire est sans doute celui qu'un rêveur a proposé un jour pour le fruit de ses cogitations : une particule de l'être qu'il baptisait « êtron ».

quantité qui se compte par des nombres entiers, comme un lot de haricots ou de pommes, et qui s'oppose à une quantité continue comme le contenu d'un verre d'eau ou une goulée d'air. En 1900, le physicien Max Planck découvrit en effet un phénomène étrange : l'énergie portée par un atome ne change pas de manière graduelle, comme le contenu d'un verre dont l'eau s'écoule, elle varie par des sauts discontinus comme un lot de pommes où la main puise. Ces sauts d'énergie reçurent assez naturellement le nom de *quanta*, pluriel de *quantum*, et la science qui venait de naître a pris par la suite le nom de « quantique », comme on porte un nom de baptême.

Si tu veux une définition, nous dirons que la mécanique quantique est la forme que prennent les lois qui gouvernent la matière et le rayonnement au niveau le plus profond, c'est-à-dire au niveau des particules (ces particules étant des photons dans le cas de la lumière). Cette définition, quoique exacte, a cependant quelque chose de réducteur. Toute l'histoire de la physique au cours du XXe siècle fut pareille à une symphonie qui se construirait sur un petit nombre de thèmes. La mécanique quantique est un de ces thèmes, et sans aucun doute le thème dominant. Elle n'est pas limitée en effet au monde microscopique, elle fonde toute la physique de la matière et du rayonnement, à quelque échelle que ce soit : jusqu'aux étoiles et au-delà. François Jacob affirme en outre qu'il n'est pas besoin d'autres lois que celles de la physique et de la chimie pour comprendre les mécanismes du monde vivant, si bien qu'en somme les lois de la mécanique quantique sont le *nec plus ultra* de tous les principes de la science, tels qu'on les connaît.

« Alors dites-moi en quoi consiste ce *nec plus ultra* », demande évidemment Nathanaël. La question risque de nous amener à nous répéter, mais certains faits sont trop importants pour qu'on n'hésite pas à les seriner. Voyons donc les choses ainsi, car il y a une difficulté : Galilée a dit que le livre de la nature est écrit dans la langue mathématique, c'est aujourd'hui plus vrai que jamais. En fait, plus des lois sont générales et profondes et plus les mathématiques qui les expriment sont elles-mêmes générales et profondes, c'est-à-dire difficiles. On ne sait pas vraiment pourquoi, mais c'est ainsi. Comment pourrions-nous te dire alors en quoi consiste le suc du *nec plus ultra*, la quintessence du savoir humain, avec de pauvres mots ordinaires là où il faudrait des mathématiques savantes ? C'est pourquoi nous te proposons autre chose. Appelle cela un pis-aller ou un mieux-aller, mais nous allons jouer au lieu d'enseigner. N'est-ce pas préférable ?

Un jeu quantique

Voici le jeu en question. Il s'inspire de la mécanique quantique, comme le Monopoly de la spéculation immobilière. Les lois de cette science sont universelles, mais elles ne se manifestent clairement qu'au niveau des atomes et de ce qui est plus petit encore. Il y a donc une difficulté, qui est à la fois une question de nombre et de taille : ainsi, la dimension d'un atome est de l'ordre de 10^{-10} mètre, c'est-à-dire d'un dix-millionième de millimètre ; il y a par exemple 6.10^{23} atomes dans un seul gramme d'hydrogène (soit six cent mille milliards de milliards d'atomes). Bien que certains appareils très astucieux permettent d'observer un atome unique, leurs contraintes et leurs limitations sont considérables et, de plus, on ne peut comprendre leurs indications que si l'on recourt justement à la mécanique quantique.

Comme celle-ci ne peut s'exprimer qu'en termes mathématiques, le mieux qu'on puisse faire pour la voir à l'œuvre, c'est de se résigner à passer par des moyens mathématiques. Pour y parvenir sans devoir mettre le nez dans des abstractions et des calculs compliqués, le mieux est d'en laisser le soin à un ordinateur, dans lequel on a introduit des règles qui correspondent aux lois quantiques. Tel est le principe du jeu auquel nous avons convié Nathanaël.

Ce jeu se joue sur une vaste place de la jolie ville d'Écoute-s'il-pleut, chère à Alphonse Allais. Il repose sur des effets spéciaux comme ceux qu'on emploie au cinéma, grâce auxquels on peut voir un monde ultramicroscopique comme s'il venait à nous, comme si les constantes de la nature avaient changé pour hisser les particules à l'échelle humaine. Ainsi, il existe une quantité fondamentale de la nature qu'on appelle la « constante de Planck » et que l'on désigne par la lettre h. Dans le jeu d'Écoute-s'il-pleut, tout se passe comme si cette constante avait été agrandie un milliard de milliards de milliards de fois. Ce serait évidemment impossible en réalité, puisque le propre d'une constante de la nature est d'être ce qu'elle est, sans que personne n'y puisse rien. Mais rien n'empêche de recourir à des expériences de pensée, et c'est ce que permet ce jeu virtuel.

UNE EXPÉRIENCE VIRTUELLE

Le jeu se tient sur une place à peu près grande comme un terrain de football. Elle est pavée de carreaux colorés qui dessinent sur le sol une carte de France. La place était vide quand nous sommes arrivés et l'on ne voyait s'y dresser qu'une maquette de la tour Eiffel, un peu hors d'échelle pour qu'on la distingue et haute environ comme une quille de bowling ; elle était placée au centre d'un dessin sur le sol représentant Paris. Nathanaël prit en main un petit ordinateur portable et cliqua sur une fenêtre apparaissant sur l'écran et permettant la mise en route. On vit alors apparaître les pièces du jeu. Elles sont censées représenter des particules, comme des électrons par exemple, mais leur forme permet de bien les voir. Il s'agit de pions, pareils à ceux d'un jeu de dames par la forme et la dimension et dont la couleur est d'un beau rouge incarnat. Quand ils apparaissent quelque part sur la place, on jurerait qu'ils sont réellement là, alors qu'ils sont créés par holographie, c'est-à-dire par un système optique qui permet de voir un objet virtuel comme s'il avait trois dimensions. Les règles du jeu veulent qu'on appelle ces pions des « particules ».

Nathanaël cliqua sur une fenêtre indiquant « nouveau jeu ». Dans l'option « nombre de particules », il choisit « une particule ». Parmi les options « lois physiques », il choisit sur notre conseil « lois classiques », car nous lui avions expliqué que ces lois classiques sont celles de la mécanique de Newton (qu'on appelle aussi « classique »). On conseille toujours aux débutants de commencer par là pour s'habituer. Une fenêtre « configuration de départ » apparut sur l'écran de contrôle ; elle offrait plusieurs options qui allaient toutes par paires, chacune permettant de choisir une position de départ de la particule (classique) et l'autre sa vitesse initiale. Pour position de départ, Nathanaël choisit « sous la tour Eiffel ». L'option « vitesse » exigeait deux instructions, la première étant « direction de départ », pour laquelle Nathanaël choisit « la direction de Lyon ». La seconde instruction précisait la grandeur de la vitesse proprement dite et il choisit « 100 kilomètres à la minute ». Il cliqua pour finir sur l'instruction « départ » et l'on vit la particule rouge quitter Paris en glissant sur la place dans la direction de Lyon, ville qu'elle atteignit en un peu moins de cinq minutes (voir figure page suivante). Bon ! C'était en somme assez banal.

Le deuxième essai fut plus surprenant. Nathanaël commença évidemment par cliquer sur « nouveau jeu », puis, pour « lois physiques », il choisit cette fois l'option « lois quantiques ». La fenêtre « configuration de départ » qui apparut alors était différente de la précédente : au lieu de demander de préciser une position *et* une vitesse, elle offrait deux options, « position » *ou* « vitesse ». Nathanaël choisit « position de départ », puis l'option correspondante « sous la tour Eiffel » et il cliqua sur « départ ». Alors la particule apparut un court instant sous les pieds de la maquette de la tour Eiffel et on la vit soudain disparaître, s'éteindre. Le temps passa, plusieurs minutes, et on ne vit

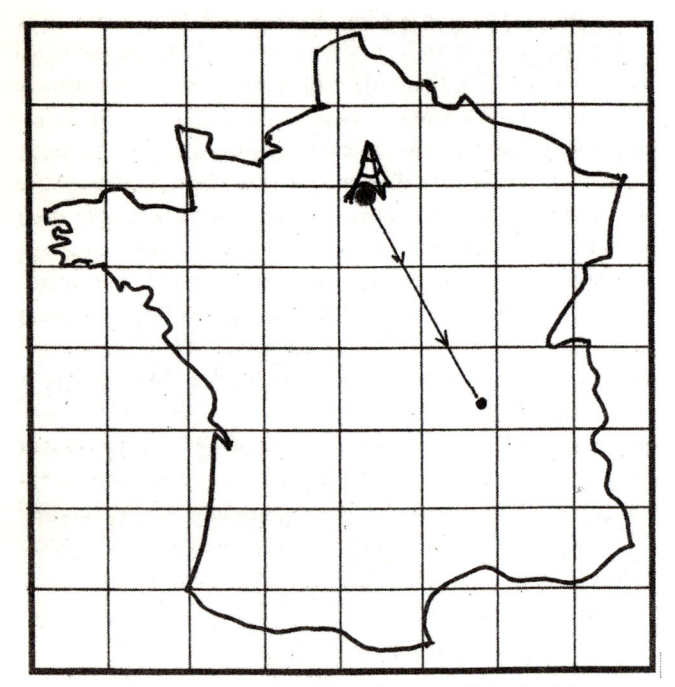

Une particule va en ligne droite de la tour Eiffel à l'endroit qui marque l'emplacement de Lyon sur la carte d'Écoute-s'il-pleut, lorsque le jeu obéit à des lois classiques.

toujours rien, mais rien de rien. Nathanaël se sentit évidemment un peu frustré par l'expérience et il cliqua sur l'instruction « quitter ». Il se tourna vers nous d'un air mécontent. « Pourquoi souriez-vous, dit-il, qu'est-ce qui se passe ? »

« Ce que tu viens de voir, ou plutôt l'impossibilité de rien voir, Nathanaël, est dû aux relations d'incertitude d'Heisenberg. » Ces relations sont des conséquences des lois quantiques et, à cause d'elles, il est impossible de connaître la position précise et la vitesse précise d'une particule au même instant. Mieux on connaît la position de la particule et moins on peut connaître sa vitesse, et *vice versa* ; c'est pourquoi le jeu présente les choix « position » ou « vitesse » comme deux options distinctes. La conséquence de loin la plus importante de ces relations d'incertitude est celle dont tu viens d'être témoin, à savoir que *les phénomènes du monde quantique ne peuvent pas être vus* ; et comme notre imagination passe par une vision intérieure, ce monde ne peut pas même être imaginé ! Si l'on pouvait voir en effet une particule qui se déplace, ou même simplement l'imaginer, on la verrait parcourir une trajectoire et l'on aurait à chaque instant sa position sous les yeux, mais le déplacement de cette position révélerait du même coup sa vitesse. Or c'est impossible à cause des lois quantiques ; c'est pourquoi on ne peut jamais voir une particule quantique, même en imagination.

UNE EXPÉRIENCE PLUS VIRTUELLE ENCORE

Le jeu d'Écoute-s'il-pleut est plein de ressources, il ne montre pas seulement comment la théorie quantique décrit le monde, il suggère aussi le contenu de cette théorie. Ce contenu est mathématique, évidemment, mais une forme découverte par Richard Feynman à la fin des années 1940 peut être illustrée de manière visible. Il suffit de choisir pour cela sur l'ordinateur l'option « voulez-vous voir des histoires ? ». Quand il le fit, devant les deux possibilités offertes « oui » et « non », Nathanaël cliqua sur la première et reprit à nouveau ses choix antérieurs en prenant comme position initiale de la particule « sous la tour Eiffel », et il redonna le départ.

La particule rouge disparut aussitôt, comme la fois précédente, mais une multitude de copies plus pâles apparurent et s'élancèrent de sous les pieds de la tour Eiffel. Ces copies avaient l'air d'autant de clones de la particule et elles couraient sur la place de manière aberrante, folle, n'importe comment. Quand Nathanaël fixa son attention sur l'un de ces clones, le mouvement du pion rose n'en parut que plus anarchique. Il glissait parfois en ligne plus ou moins droite pendant un instant, puis il tournait soudain, prenait au hasard une direction nouvelle qu'il suivait un moment avant de revenir en arrière, puis s'éloignait à nouveau. Nathanaël, perplexe, ne discernait aucune apparence de règle dans ce mouvement livré totalement au caprice. Il suivait des yeux une copie de la particule, comme celle de la figure suivante, et l'on pouvait voir qu'il réfléchissait intensément, sans trouver la clef du mystère. De guerre lasse, il mit tout en position d'arrêt. Les clones s'immobilisèrent. Leur multitude couvrait alors toute la place et la carte de France d'une pâle lumière rosâtre. Le regard de Nathanaël n'exprimait plus que l'interrogation.

UNE EXPLICATION

Avant que nous ayons pu intervenir, Nathanaël avait remarqué que l'écran de son ordinateur offrait un programme d'aide. Il l'activa et lut le texte suivant :

Les lois qui fondent la mécanique quantique ont été découvertes autour de 1925 par Werner Heisenberg, Louis de Broglie et Erwin Schrödinger. Elles ont paru aussitôt étranges et beaucoup de physiciens conservateurs les ont longtemps refusées comme de véritables offenses au sens commun. Leur lourd habit mathématique ne les rendait pas séduisantes. Alors que Madame du Châtelet, marquise savante

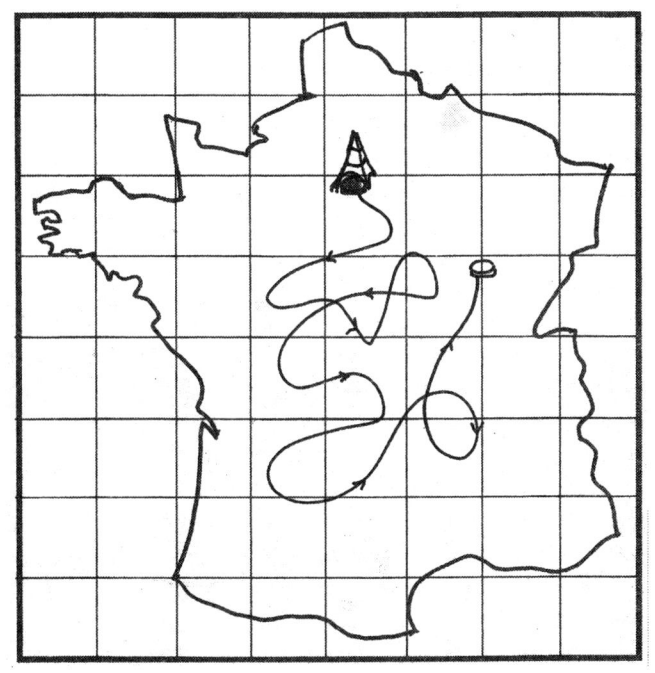

Le mouvement erratique d'un clone de particule.

et charmante, pouvait conter la physique de Newton dans la belle langue du XVIIIe siècle, on se trouvait apparemment en présence d'un étrange volapuk algébrique qui n'avait en sa faveur que de rendre compte des faits. Ainsi Heisenberg utilisait-il des objets mathématiques encore mal connus à l'époque, des « matrices », grâce auxquelles il prétendait décrire des quantités physiques aussi évidentes (aux yeux des conservateurs) que la position ou la vitesse d'un électron. De Broglie et Schrödinger faisaient appel au contraire à une onde, ou plutôt une « fonction d'onde », qui régentait l'apparence des particules. Il y eut d'abord un grand espoir de retour aux saines idées d'antan (selon les mêmes conservateurs) quand les fonctions d'onde vinrent faire concurrence aux matrices. Hélas (pensèrent encore les traditionalistes), ces fonctions cachaient d'autres traquenards physiques et logiques. On put même bientôt prouver que les fonctions d'onde et les matrices expriment les mêmes lois sous deux formes mathématiques un peu différentes.

De plus, on avait beau faire, aucun des deux langages ne pouvait être débarrassé de sa gangue mathématique. Madame du Châtelet elle-même n'aurait pu les traduire ou les vulgariser. Cela dressait une pénible barrière entre les non-spécialistes et les physiciens qui avaient pu consacrer l'effort et le temps nécessaires à l'étude de cette science abstruse. On voyait bien qu'elle rencontrait des succès, plus ou moins bien accueillis d'ailleurs : la bombe atomique, les réacteurs nucléaires, les transistors (qui conduiront plus tard aux ordinateurs), le laser et bien d'autres encore, moins spectaculaires ou moins inquiétants. On entendait dire que la science quantique s'étendait toujours plus loin dans l'infiniment petit avec une précision prodigieuse, mais on n'y comprenait rien.

C'est pourquoi la découverte de Richard Feynman au tournant des années 1940 et 1950 présente une grande importance. Il montra que l'on peut représenter les événements du monde microscopique d'une manière qui ressemble beaucoup à ce qui se passe à grande échelle, hormis que les choses et les événements ne sont pas uniques. Les particules n'ont pas *une* histoire définie, mais simultanément une infinité d'histoires différentes possibles, et une histoire de Feynman est un mouvement possible parmi une infinité d'autres. On peut dire aussi que c'est un mouvement concevable, imaginable, sans que personne ne prétende qu'il ait lieu vraiment. Notre jeu montre ces particules virtuelles qui suivent des trajectoires capricieuses, arbitraires, quelconques, et elles aussi virtuelles. Les particules peuvent parcourir ces trajectoires comme bon leur semble, vite ou lentement, tout droit ou à rebours. Le carnet de route d'un de ces mouvements constitue une histoire, ou plus précisément une histoire de Feynman qui indique où se trouve la particule virtuelle à chaque instant.

Le nom de « clone » que nous donnons à ces particules virtuelles n'est pas dû aux physiciens, mais à une décision du conseil municipal d'Écoute-s'il-pleut. La suite du jeu permettra d'en saisir la signification, mais nous attirons l'attention sur le fait que ces clones ne sont que l'illustration d'une description mathématique des concepts quantiques, et non des objets réels.

Le hasard quantique

UNE EXPÉRIENCE DE MESURE

Sur nos conseils, Nathanaël reprit une autre partie, sans les clones, de sorte que la particule partie de la tour Eiffel cessa aussitôt d'être visible. Où pouvait-elle donc bien être ? Une expérience de mesure permettait heureusement de répondre à la question. Bien que reconstruite virtuellement par le calcul, cette expérience d'Écoute-s'il-pleut est l'exact analogue de la détection des rayons cosmiques par un compteur. Elle détermine où la particule se trouve à un instant donné. Voyez ! Sur la vaste place dallée, un dispositif expérimental vient d'apparaître. Il consiste en un non moins vaste filet de mailles serrées qui se tient en suspens à deux mètres au-dessus de la grande carte de France, en épousant le carrelage du sol (voir figure page suivante).

Tout à coup, le filet s'abat, puis se referme. Telle est apparemment l'expérience de mesure destinée à trouver la position exacte de la particule, une minute après le départ de la tour Eiffel. On constate qu'après la chute du filet toutes les mailles sont vides à l'exception d'une seule, située quelque part en Bourgogne, où la particule est maintenant piégée. Ainsi qu'on le ferait dans un vrai laboratoire, on recommence l'expérience dans des conditions identiques, avec à nouveau le lâcher de la voiture à Paris, sa disparition, puis sa réapparition une minute après sous l'une des mailles qui viennent de retomber. La particule-voiture n'est plus en Bourgogne cette fois, mais en Bretagne. On recommence encore, et encore, et il faut se rendre à l'évidence : la particule peut se retrouver à peu près n'importe où, on constate tout au plus qu'elle aboutit plus fréquemment dans certaines régions que dans d'autres ; il y a sans doute une loi là-dessous, mais il est impossible de dire laquelle. Quand on répète l'expérience en rendant les histoires de Feynman visibles, on voit de nouveau la course vagabonde des clones couvrir toute la place et tous s'éteindre au moment où le filet tombe. La particule réapparaît alors avec sa couleur retrouvée sous l'une des mailles, mais rien ne permet de prévoir laquelle.

Nathanaël comprend bien qu'il s'agit d'un jeu de hasard et que la particule est capturée au hasard la chance au moment où le filet tombe, mais cela valait-il la peine de construire un jeu aussi coûteux pour jouer à la loterie ? C'est ce qu'il nous dit d'un air déçu, évoquant sans le savoir la saillie d'Einstein : « Dieu ne joue pas aux dés ! »

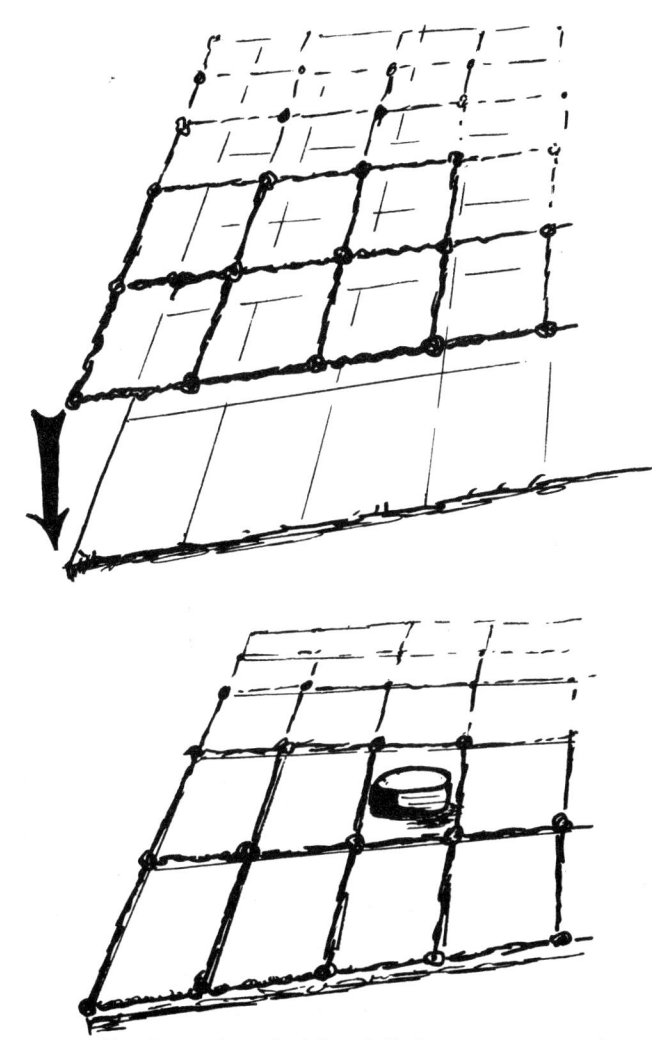

Un filet, placé au-dessus du dallage de la place, piège une particule en tombant, révélant ainsi la position de cette particule.

UNE EXPÉRIENCE D'INTERFÉRENCES

Cette fois, le dessin qui représente Paris sur le sol est ceinturé d'un mur longeant le boulevard périphérique (voir figure suivante). Il n'a que deux ouvertures, toutes deux situées à l'est, l'une à l'emplacement de la porte des Lilas et l'autre à la porte de Vincennes. La particule est lâchée cette fois avec une certaine vitesse et les clones se dispersent à nouveau, se cognent contre le mur et rebondissent un certain nombre de fois jusqu'à ce qu'ils sortent par une des portes et se répandent en zigzag à travers la place.

Un autre mur, à peu près rectiligne, a été placé plus loin du côté de l'est. Il suit un axe nord-sud et s'étend de l'image de Lyon à celle de Namur en passant par Mâcon, Dijon, Langres, Vitry-le-François et Mézières. Ce mur, que l'on voit sur la figure de la page suivante, est un piège à particules ; chaque fois qu'un clone l'atteint, il y reste collé. Le filet de

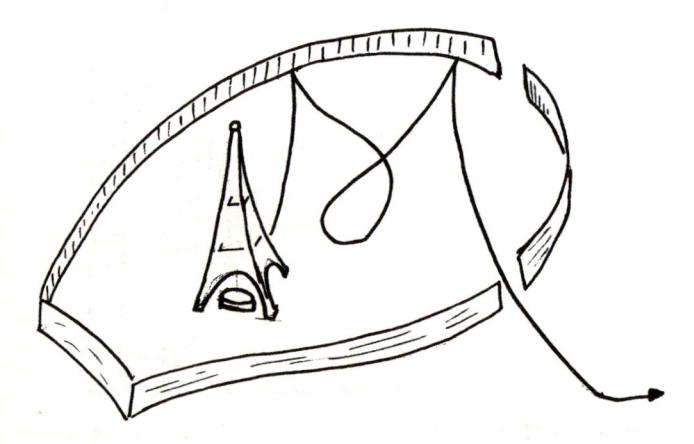

Le mur murant l'image de Paris ne laisse que deux ouvertures pour le passage d'une particule (on voit ici le mouvement d'un clone).

LE JEU D'ÉCOUTE-S'IL-PLEUT

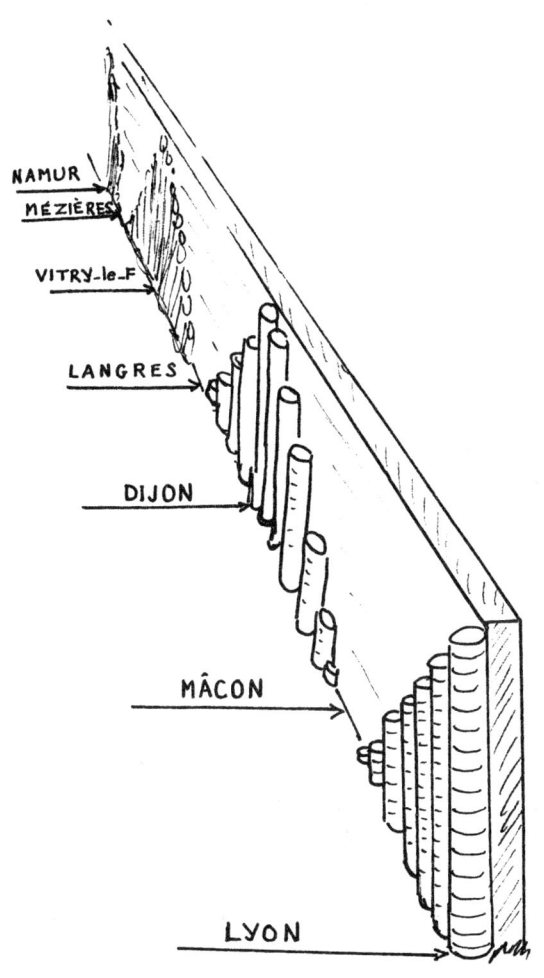

On voit ici l'empilement des clones le long du mur de l'est, dessinant une figure d'interférence : les clones se rassemblent de préférence en certains endroits et n'apparaissent jamais en certains autres.

mesure n'est à présent disposé qu'au-dessus du mur. Au premier essai, tout ressemble à ce qu'on avait déjà vu. Le filet tombe sur le mur au bout d'une minute, les clones disparaissent et l'on constate que la particule est restée coincée dans une des mailles à Vitry-le-François. On recommence un bon nombre de fois et quelque chose semble enfin sortir de la banalité. On retrouve très souvent la particule dans des zones privilégiées, proches de Namur, de Vitry, de Dijon et de Lyon. En revanche, elle n'apparaît jamais près de Mézières, de Langres ou de Mâcon. Notons qu'il y a la même distance, de 100 kilomètres à l'échelle de la carte, entre les endroits où le nombre de particules observées est maximum et les endroits où l'on n'en trouve aucune[1].

La fenêtre « Aide » clignote sur l'écran de sorte que Nathanaël puisse continuer l'expérience en suivant des instructions nouvelles. Il sent que le grand moment est proche, qu'il va bientôt découvrir les lois qui régissent les phénomènes quantiques. Au moment où l'expérience reprend, quelque chose de nouveau vient d'apparaître sur la face supérieure des clones. Chacun d'eux porte à présent un petit cadran, muni d'une aiguille qui tourne dans le sens de celles d'une montre. C'est alors qu'il nous paraît bon d'intervenir pour expliquer à Nathanaël que tout le secret des lois quantiques est contenu dans la manière dont les aiguilles tournent plus ou moins vite. Dans l'expérience actuelle où les particules sont libres (c'est-à-dire qu'aucune force n'agit sur elles), l'aiguille tourne d'autant plus vite que le carré de la vitesse du

---

1. En fait, il s'agit d'une expérience d'interférences, analogue à celle par laquelle Thomas Young avait constaté, voilà deux siècles, le caractère ondulatoire de la lumière. Il utilisait un écran percé de deux trous, analogue aux deux portes ouvertes dans le mur de Paris, et l'écran sur lequel il voyait des figures d'interférences jouait le même rôle que le mur rectiligne dressé à l'est de la place d'Écoute-s'il-pleut.

clone est plus grand ; la règle serait plus compliquée si une influence extérieure s'exerçait sur la particule, par exemple si un relief du terrain faisait intervenir un effet de pesanteur.

Sans recourir au programme d'aide, nous poursuivons les explications. Ce que tu vois, Nathanaël, est une expérience d'interférences, elle est gouvernée par une loi rigoureuse. Lance encore une fois la particule en observant bien les clones. Tout le secret de la loi réside dans la position atteinte par l'aiguille sur le cadran au moment où un clone atteint le mur. Remarque que lorsqu'un clone heurte le mur, il s'immobilise et l'aiguille cesse de tourner : elle reste alors fixée sur une certaine direction du cadran. Regarde maintenant tous les clones qui se sont arrêtés le long d'une même portion du mur, juste avant que le filet ne tombe (une portion de mur sur la place d'Écoute-s'il-pleut qui correspondrait à une dizaine de kilomètres à l'échelle de la France). Prends maintenant ce petit ordinateur de poche avec lequel tu vas faire une opération mathématique très simple sur la position des diverses aiguilles.

L'opération en question consiste d'abord à sélectionner un des clones immobilisés contre le mur grâce à un pointeur à rayon laser. Une image du petit cadran du clone apparaît alors sur l'écran de l'ordinateur de poche, on l'enregistre sans rien changer à la longueur ni à la direction de l'aiguille. On recommence alors avec un autre clone, arrêté au même endroit, mais on fixe cette fois la base de la deuxième aiguille à l'extrémité de la première. On recommence jusqu'à mettre ainsi toutes les aiguilles bout à bout. Ce n'est pas trop sorcier comme exercice de mathématiques.

Nathanaël répète l'opération pour tous les clones qui se sont arrêtés sur la portion de mur choisie. Si chacune des aiguilles individuelles semblait dirigée un peu n'importe comment, dans toutes les directions, l'opération qui en fait la somme, c'est-à-dire construit une flèche partant du pied de la première aiguille pour aboutir à l'extrémité de la dernière, est très révélatrice comme on le voit sur la figure de la page suivante.

Quelques brèves explications. Cette flèche, Nathanaël, représente une *amplitude*. C'est un concept quantique essentiel qu'un physicien appellerait plus précisément « l'amplitude de probabilité pour trouver la particule sur la portion de mur choisie ». Tu pourrais aisément refaire l'opération pour toutes les autres portions de mur, mais elle serait fastidieuse et l'ordinateur portable la réalise à ta place.

Une régularité remarquable apparaît quand les aiguilles sont mises bout à bout pour chaque portion du mur et que les amplitudes correspondantes sont ainsi connues. Pour les portions de mur situées près des images de Namur, Vitry, Dijon et Lyon (là où l'on trouvait le plus grand nombre de particules dans les filets), la flèche est plus longue que partout ailleurs ou, comme on dit dans notre jargon, l'amplitude a un maximum. Pour les portions de mur situées au contraire près de Mézières, Langres et Mâcon (où aucune particule n'avait été prise dans les mailles), on constate que l'amplitude est nulle. L'extrémité de la dernière aiguille est pratiquement revenue sur la base de la première. Il est maintenant clair qu'il y a une loi ! Reste à la formuler de manière précise.

Les lois quantiques

Il est préférable d'expliquer les lois quantiques dans le cas de la première expérience, quand il n'y avait pas de mur autour de Paris et que le filet recouvrait toute la place

LE JEU D'ÉCOUTE-S'IL-PLEUT 97

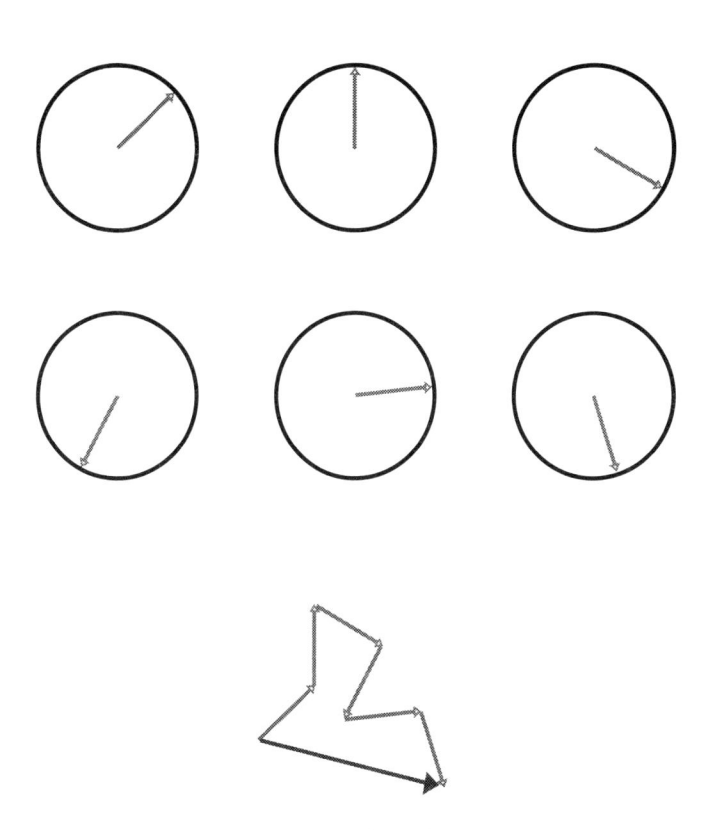

Quand on ajoute, en les mettant bout à bout, toutes les aiguilles sur les cadrans des clones arrivés en un même endroit, on obtient une flèche qu'on appelle une « amplitude ».

d'Écoute-s'il-pleut et son image de la France. Une minute exactement après le départ d'une particule, juste avant que le filet ne s'abatte, on peut refaire la même opération d'addition des aiguilles, mais en considérant cette fois tous les clones présents sous une même maille. En mettant les aiguilles bout à bout, on obtient une amplitude, c'est-à-dire une flèche. Il va de soi qu'une flèche marquée sur un écran possède une certaine longueur et une certaine orientation. Il en va de même pour l'aiguille sur un cadran de clone, qui n'est après tout qu'une petite flèche. Les mathématiciens utilisent un langage codé pour parler d'une flèche ou d'une aiguille placée sur un plan. Ils appellent cela un « nombre complexe ». Ils appellent aussi « module » la longueur de la flèche et « phase » l'angle qui marque son orientation.

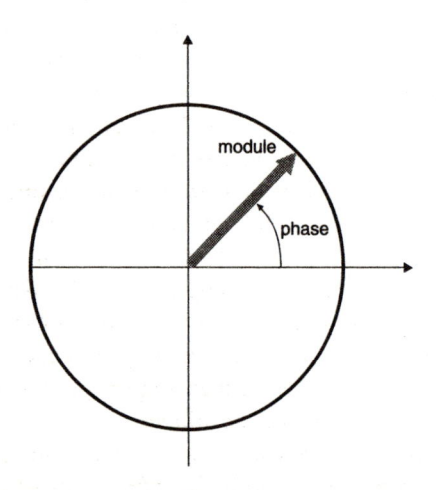

Les mathématiciens donnent souvent le nom de « nombre complexe » à une flèche située dans un plan. La longueur de la flèche est alors appelée « module » et on donne le nom de « phase » à l'angle que fait la flèche avec un axe de référence.

As-tu remarqué que toutes les aiguilles des cadrans des clones ont la même longueur ? On pourrait dire aussi que chaque clone porte une phase à l'état pur. La flèche de l'amplitude, au contraire, n'a pas la même longueur selon les mailles. On appelle encore cette flèche (ce nombre complexe) l'« amplitude de probabilité », parce que le carré de sa longueur (le carré du module du nombre complexe) est exactement la probabilité de détecter la particule sous la maille en question. La probabilité, c'est-à-dire la chance de gagner, si l'on considère la chasse des particules au filet comme une sorte de loterie.

Mais reprenons. On a donc une flèche pour chaque maille, c'est-à-dire pour chacun des carreaux qui pavent la place. Les carreaux auraient pu être plus petits, et même très petits. Les physiciens aiment imaginer des carreaux infiniment petits. Ils appellent « fonction d'onde » la collection des amplitudes sur tous les carreaux. D'un point de vue mathématique, cela revient à la donnée d'un nombre complexe en chaque point de la place et c'est cela même que Louis de Broglie avait imaginé. Un jeu compliqué qui permet de connaître la fonction d'onde (une équation, si tu préfères) avait été découvert par Schrödinger et l'artifice des clones l'a été plus tard par Feynman. Le jeu d'Écoute-s'il-pleut est en fin de compte ce qu'on peut faire de plus simple et de plus économique en moyens mathématiques pour comprendre l'essentiel de la mécanique quantique.

Une loi fondamentale de cette mécanique quantique énonce ce que nous venons de voir, c'est-à-dire que le carré de la fonction d'onde est égal (ou plus exactement proportionnel) à la probabilité de trouver la particule en un endroit donné (c'est-à-dire à la chance de gagner à la loterie quantique si l'on a parié sur un des carreaux). Dans le jeu d'Écoute-s'il-pleut, l'appareil de mesure est la collection des mailles. Plus le carré de l'amplitude associée à une certaine maille est grand, et plus grande est la chance de trouver la particule sous cette maille. On n'a besoin de rien d'autre que cette probabilité pour décrire les résultats des mesures, puisque ces événements sont entièrement soumis au hasard.

Une autre loi fondamentale précise la façon dont l'aiguille tourne sur le cadran d'un clone. On a vu que cette vitesse de phase est proportionnelle au carré de la vitesse du mouvement du clone, du moins dans le cas d'une particule libre ; elle dépend aussi de la masse de la particule et de la constante de Planck. Cette dernière ne peut évidemment pas être modifiée (contrairement à ce qui se passe dans le jeu) ; c'est une vraie constante dont la valeur est très, très petite, extrêmement petite, c'est cette petitesse qui explique pourquoi les phénomènes quantiques ont si peu de conséquences visibles à notre échelle. En fin de compte, savoir comment la phase d'un clone varie au cours du temps, c'est tout le secret de la dynamique, c'est-à-dire le cœur des lois de la physique.

En somme, nous venons de découvrir l'essentiel des lois quantiques : les histoires, l'évolution des phases de clones qui contient la dynamique, la construction des amplitudes de probabilité par addition d'aiguilles, et les probabilités elles-mêmes qui sont les carrés des longueurs de flèche. Le jeu d'Écoute-s'il-pleut permet aussi de voir les lois à l'œuvre. On peut y étudier comment des atomes émettent de la lumière, comment plusieurs atomes arrivent à se coller ensemble pour constituer des molécules. On peut jouer à plusieurs, chacun ayant sa particule qu'il lance contre celles des autres. Mais c'est toujours un pur jeu de hasard : il n'y a aucun moyen de tricher ni aucune stratégie gagnante. Tout est soumis au hasard et ce hasard est lui-même gouverné par des lois très subtiles.

Enfin, peut-être certains points te paraissent-ils obscurs, Nathanaël, et il est vrai que nous n'avons couvert ensemble qu'une bien petite partie du champ immense des découvertes du XXᵉ siècle. Rassure-toi cependant. Il n'est pas nécessaire de comprendre la mécanique quantique pour pénétrer le sens de la science. Si tu ne gardes qu'une impression vague de ce que nous venons de voir, cela suffit. Ce qui compte est que tu te sois libéré au passage d'idées préconçues, en ne confondant pas par exemple une loi avec un mécanisme automatique. Les lois sont en fait prodigieusement subtiles et nous n'avons pas fini de les contempler ensemble, si cela continue à t'intéresser.

Chapitre 5

LE PALAIS DES LOIS

> *La nature est un temple où de vivants piliers*
> *Laissent parfois sortir de confuses paroles,*
> *L'homme y passe à travers des forêts de symboles*
> *Qui l'observent avec des regards familiers.*
>
> Charles BAUDELAIRE

Nous étions retournés plusieurs fois à Écoute-s'il-pleut pour y jouer des parties quantiques, mais Nathanaël, ce jour-là, ne s'était pas dirigé vers la place aux particules, comme s'il désirait quelque chose d'autre qu'il ne parvenait pas à préciser. Nous nous promenions tous les trois dans les jardins qui avoisinent la place et nous venions de nous arrêter devant une stèle. Placée au centre d'une pelouse, celle-ci portait l'inscription suivante : « La philosophie est écrite dans un grand livre qui se tient toujours ouvert devant nos yeux (je veux dire l'Univers), mais on ne peut le comprendre si on ne s'applique d'abord à en savoir la langue et connaître les caractères avec lesquels il est écrit. Il est écrit dans la langue mathématique et ces caractères sont des triangles, des cercles et les autres figures géométriques. »

Il n'y avait pas de signature et Nathanaël demanda qui avait écrit cela. « Galilée », répondit une voix sonore avant que nous ayons pu réagir. En nous retournant, nous vîmes un homme sans âge apparent, vêtu d'une blouse de laboratoire et coiffé d'une casquette qui portait cette inscription : « Écoute. » Il ne pouvait s'agir que d'un employé de la ville d'Écoute-s'il-pleut ; il ne faisait aucun doute qu'il avait été recruté pour sa faconde, car déjà il nous enveloppait de son discours.

« Eh oui ! messieurs, eh oui ! jeune homme, ils sont bien obscurs ces caractères mathématiques. On aimerait tant que les lois puissent se dire dans une langue lyrique et mélodieuse, plutôt que dans cette langue abstraite. Mais peut-être n'avons-nous pas inventé la langue qui convient, une langue totale *d'après la mutation*. Je vous vois tressaillir, messieurs, car je sais ce que vous pensez. Mais imaginez une manière de proclamer les lois qui aurait la grandeur et l'enthousiasme de l'*Hymne à Zeus* de Cléanthe, le philosophe stoïcien. Imaginez-les révélées par un conducteur divin menant le char d'un guerrier au galop ; cela aurait grande allure, comme les leçons de sagesse de la Bhagavad-gītā, le grand livre de l'Inde. Et comme on aimerait de grands vers, profonds et fluides comme ceux des plus grands poètes. Le problème de ceux qui voudraient que tout un chacun puisse comprendre le sens des lois est en fin de compte : comment faire chanter la langue mathématique ? En connaissez-vous, des gens qui pleurent de joie pour un théorème ? J'aime bien le vers de Saint-John Perse, vous savez, celui où il dit : "Eâ, dieu de l'abîme, ton bâillement n'est pas plus vaste."

Faire que l'abîme ne provoque pas un bâillement est notre problème, messieurs.

« J'ai une idée, poursuivit le personnage. Figurez-vous qu'elle m'a été inspirée par saint Augustin. Il parle dans ses *Confessions* des "palais de la mémoire" avec un enthousiasme communicatif. Je me suis dit que de la mémoire, il en fallait au temps d'Augustin quand on ne pouvait posséder que quelques livres et qu'on les avait peut-être copiés de sa propre main. Mais pourquoi un palais ? Alors, je me suis rappelé une fameuse recette de mémorisation de l'Antiquité, qu'Augustin ne pouvait manquer de connaître. Pour se souvenir de beaucoup de choses, on imaginait de les ranger dans un lieu connu, chez soi, dans un temple ou un autre lieu familier, et on ramenait les objets à la mémoire en se promenant par l'esprit là où ils étaient rangés. Pour saint Augustin et sa mémoire d'éléphant d'Afrique (il était né dans ce qui est à présent la Tunisie), il fallait au moins un palais pour ranger tout son savoir. Que dis-je ? Il parle "des" palais. Et puis, j'ai pensé à tous les palais de rêve des légendes et j'ai eu l'idée d'un palais des lois. Voulez-vous le visiter ? »

Le palais des lois

« Volontiers ! » répondirent les adultes que nous sommes, tandis que Nathanaël ajoutait : « Pour moi, ce sera un grand plaisir, mais vous seriez gentil de ne pas citer tant de gens dont je ne connais pas le quart.

— C'est promis, assura notre guide. »

Il nous entraîna vers une salle annexe du jeu d'Écoutes-il-pleut, de taille modeste, pareille à une des salles de projection que l'on voit dans de nombreux musées où passent des films de commentaires. « C'est mon domaine », dit-il. Comme s'il n'avait attendu que son entrée, l'écran s'éclaira et l'on put lire ce titre : « Le palais des lois » ; la voix d'Écoute (nous ne lui connaissons pas d'autre nom) se fit entendre, commentant les images en « voix off ».

« Vous voyez ici le palais des lois. Il faut dire d'abord qu'il évolue, à mesure que des découvertes nouvelles sont faites. Cela entraîne souvent des changements dans l'ordre et la disposition des salles, parfois même des révisions dans l'architecture de sorte que ce que vous voyez est le palais à l'époque actuelle. Vous pouvez constater qu'il présente deux niveaux. Le rez-de-chaussée est de style classique et de vastes proportions. Des ailes nouvelles sont en construction, destinées à recevoir les derniers résultats de la biologie. Le second niveau, si l'on peut le désigner ainsi, consiste en deux tours mitoyennes qui s'élancent très haut vers le ciel. Leur sommet paraît indistinct, on peut se demander si elles ne sont pas destinées à se rejoindre un jour. L'une est la tour de l'espace-temps et l'autre celle des particules, appelée aussi tour quantique.

« Les deux tours s'élancent vers le haut en s'évasant, comme deux lys qui défieraient la pesanteur. Cela tient évidemment à ce que les lois de la pesanteur (ou de la gravitation) ne s'exercent pas sur elles : on trouve en effet ces lois à l'intérieur même des tours et non en dehors d'elles. Cela nous permet de voir tout le palais en apesanteur au-dessus du sol, comme la caméra vous le montre à présent. On peut même le voir à l'envers, comme dans l'image suivante. Les deux tours apparaissent alors comme deux troncs jumeaux qui plongent des racines profondes dans l'inconnu. Ce qui était le premier niveau devient leurs frondaisons qui se mêlent dans une canopée gigantesque. Le classique apparaît ainsi visible de partout, et l'on devine que la sève du sens y monte à partir des troncs. »

L'ESPACE-TEMPS

L'image montre alors un escalier qui monte à la tour de l'espace-temps. Le fronton de l'entrée porte une inscription, dont la voix d'Écoute souligne le côté à la fois ironique et allusif : « Nul n'entre ici s'il n'est géomètre. » La pierre où s'inscrit cette formule célèbre est censée être empruntée aux ruines perdues de l'Académie de Platon. « Ignorons la défense d'entrer pour les non-géomètres », poursuit Écoute, dont on ne sait plus si la voix sort de la sono ou de la bouche de l'homme assis près de nous. « Entrons ! » Une sérénité règne à l'intérieur de la tour. C'est vraiment un lieu de géométrie ; des arêtes rectilignes marquent l'angle des murs, s'élancent tout droit, et cependant s'incurvent sans que l'œil parvienne à distinguer comment ; des nervures puissantes de basalte et de marbre forment d'impossibles damiers tout en enroulant des volutes savantes qui convergent vers les hauteurs.

Des abîmes d'obscurité semblent noyer les encoignures d'une galerie : celle des commencements de l'Univers. « Notez bien, dit Écoute, que le palais ne montre que ce qui est vraiment acquis par la science, c'est-à-dire vérifié par des expériences et des observations irréfutables. Vous trouverez d'autres breloques à la boutique de souvenirs près de la sortie. On y vend des théories, des spéculations et des hypothèses de toute espèce, dont certaines très belles ou très prometteuses. Elles prétendent apporter la lumière sur ce qui semble obscur dans cette galerie, mais c'est pour l'instant une lumière fragile. Qu'il y ait eu cependant quelque chose qui s'apparente à un commencement de l'Univers est maintenant une conclusion de la science. C'est pourquoi la galerie du début du monde fait partie de la tour de l'espace-temps. »

Commentant les images suivantes, Écoute ajoute : « La lumière qui baigne le palais est due aux lois. Celles qui sont présentes dans cette tour concernent seulement l'espace, le temps et la gravitation, ces trois concepts indissolublement liés. La théorie correspondante, dont vous voyez les équations inscrites sur les murs, porte le nom de relativité générale. Vous savez évidemment qu'elle a été formulée par Einstein, dont le sourire sur le portrait que voici est aussi énigmatique que celui de la Joconde (la moustache en plus). »

Premier discours d'Écoute

Quelque chose venait de se produire. L'écran était toujours éclairé, montrant les équations qui fondent la relativité générale, des équations évidemment muettes pour Nathanaël, mais étonnantes par leur brièveté. La modeste salle semblait avoir grandi et Écoute se tenait maintenant debout, nous faisant face, sa blouse immaculée. C'était sans doute un effet d'acoustique et d'éclairage que nous n'avions pas le temps d'analyser, car Écoute avait déjà repris la parole.

« Je voudrais vous parler des lois, dit-il, comme on ne le fait jamais. Je ne veux pas parler de leur apparence ou de leur forme, mais de leurs caractères profonds, de leur être en quelque sorte. Les deux physiciens qui sont ici reconnaîtront sans aucun doute les lois qui leur sont familières, mais vues sous un autre angle que celui dont ils ont l'habitude. Ce que je vous invite en effet à partager avec moi, et toi surtout, Nathanaël, ce n'est pas la science savante, mais ce qui se tient derrière la pensée, au-dessus, au-delà de la science savante. »

L'UNION DES OPPOSÉS

Sa voix retrouva un ton moins emphatique, on aurait cru entendre un professeur commentant les équations visibles sur l'écran. « Voici les équations découvertes par Einstein et, comme toutes leurs pareilles, elles ne prennent vie que lorsqu'on en tire les conséquences. Or, quand on analyse celles-ci, on constate une propriété absolument extraordinaire, ou plutôt deux propriétés qui semblent contraires, comme si deux opposés étaient contenus dans une même pochette-surprise.

« Je m'explique. La loi universelle que ces équations renferment admet pour conséquence la gravitation. Il s'agit de la gravitation ordinaire, celle de Newton, celle qui entraîne que deux corps s'attirent d'autant plus que leurs masses sont plus grandes. L'effet de ces forces est évidemment de tendre à rapprocher les deux corps l'un de l'autre, comme nous l'avons tous appris. Cela n'a d'ailleurs rien de surprenant, car Einstein avait construit ses équations de manière à inclure la loi de Newton, du moins dans les conditions de l'astronomie qui la confirment. Il avait dû cependant la corriger, de très peu dans la pratique mais très profondément dans le principe.

« Quand vous parcourez les galeries de la tour de l'espace-temps, comme l'écran vous le montre en ce moment, vous constatez que tout a commencé avec Newton. Mais il a fallu repenser les notions d'espace et de temps quand on s'est aperçu que la vitesse de la lumière est toujours la même, dans toutes les situations possibles. Bon ! je n'entre pas dans les détails, mais cela a entraîné une conception tout à fait nouvelle de l'espace et du temps. Il y avait une difficulté : cette conception était incompatible avec la théorie de la gravitation de Newton, d'où la nécessité des corrections dont je parlais. D'où aussi le fait que les principes devenaient profondément différents puisqu'on était forcé de penser de manière nouvelle l'espace et le temps. C'est ainsi qu'Einstein est arrivé à la notion d'espace-temps courbe, si difficile à comprendre. Mais je n'ai pas l'intention de vous entraîner par là.

« Ce qui est extraordinaire, c'est qu'on puisse trouver quelque chose de très différent quand on ne considère pas deux corps célestes, le Soleil et une planète par exemple, mais qu'on se pose une question apparemment folle. Que prédisent les équations de la relativité générale quand on les applique à tout l'Univers pris en bloc, et même à l'Univers dans toute son histoire, puisque l'espace et le temps sont inséparables ? On constate alors que la conséquence en est une dilatation, un gonflement de l'espace, qui fait que la distance entre des galaxies lointaines ne tend pas à se réduire, mais à croître au contraire. C'est à l'opposé de tout ce qu'on croyait savoir de la gravitation, et pourtant cela vient de la même loi, mais appliquée à des questions différentes et à d'autres échelles. Notez qu'il est de bonne règle en physique de ne pas se laisser embobiner par des équations et d'exiger des preuves. Ces preuves ne peuvent venir que de l'expérience et de l'observation ; elles existent dans le cas présent, bien que je n'aie pas l'intention d'en dire davantage à ce sujet.

« Ce que je voulais vous montrer, c'est quelque chose dont peu de gens ont conscience. Les lois, telles qu'on les connaît à présent, ne se réduisent pas à des mécanismes, elles enserrent les phénomènes au point de concilier, de dépasser des oppositions apparentes sur lesquelles butent les mots réduits à eux-mêmes et que la pensée non mathématique n'aurait jamais pu aplanir. L'intuition ne peut que rester muette et se sent stupide ou furieuse devant ce genre de conclusion. Je vous accorde que c'est assez douloureux et profondément troublant. Mais les lois sont profondément troublantes. »

Les lois créent

Écoute reprit après un instant de silence. « La gravitation ordinaire — celle qui attire les masses par les masses — révèle aussi un autre aspect des lois. Je n'ai pas besoin de vous dire qu'elle est partout à l'œuvre dans l'Univers ; vous le savez. Peut-être savez-vous moins bien qu'il lui fallut attendre des millions d'années après la naissance de l'Univers avant de se dégager de son antagoniste, le puissant effet d'expansion. Celui-ci laissait dans son sillage un Univers quasiment homogène, rempli d'un gaz primordial où ne se distinguaient que d'infimes variations de la distribution de masse. À partir de là, doucement, patiemment, la gravitation travailla à amplifier ces différences, chaque excès minime de matière attirant vers lui la matière voisine. Des nuages de matière se formèrent, s'attirèrent, comme vous le voyez sur l'écran, le mouvement s'accéléra, s'amplifia, et d'immenses nuages, les galaxies, apparurent enfin, un milliard d'années plus tard. Il est possible que des trous noirs aient été formés en premier lieu, mais je ne m'étendrai pas là-dessus. L'essentiel est que la gravitation ait rempli son office ; elle a produit des galaxies séparées à partir d'une matière indifférenciée. Désormais, elle ne va plus cesser de dominer la grande histoire.

« Les images que vous voyez à présent sont familières aux amateurs de documentaires. Des étoiles se forment dans les galaxies gazeuses, toujours par le même effet d'attirance des masses. Les étoiles deviennent de plus en plus compactes, par l'auto-attraction de leur propre matière. La contraction échauffe l'étoile dont vous voyez l'image et sa température centrale atteint des millions de degrés. On pourrait dire que la gravitation agit comme un potier : elle malaxe d'abord la matière avant de la mettre au four.

« Dans le four incandescent du centre de l'étoile, de nouveaux phénomènes ont lieu, sous l'effet d'autres lois qui sont maintenant celles des particules. La chaleur a fait que la matière stellaire ne soit plus qu'un gaz comprimé formé d'électrons et de noyaux : des noyaux très simples, des protons, dans cette étoile de première génération. Ils entrent en réaction comme des particules du jeu d'Écoute-s'il-pleut et s'accolent, pour former des noyaux plus lourds. La grande alchimie cosmique commence.

« Vient un moment où cette alchimie cesse, pour des raisons sur lesquelles, encore une fois, je ne m'étends pas (c'est seulement de la science savante). Une suite de phénomènes dus à la gravitation se produit alors, comme les images le montrent. La matière de l'étoile s'effondre sur son centre, puis une onde de choc disperse dans l'espace la majeure partie de cette matière. Le gaz environnant s'enrichit de noyaux plus lourds que l'hydrogène et une deuxième génération d'étoiles peut apparaître, reproduisant le scénario précédent : contraction, échauffement, alchimie nucléaire, pour quelques milliards d'années de plus. Le Soleil, comme vous le savez, est une de ces étoiles de seconde génération. »

Les images se succèdent à présent de plus en plus vite et le débit du discours d'Écoute s'accélère. « La gravitation continue son œuvre de création. Vous la voyez former des embryons de planètes, puis des planètes par l'attraction gravitationnelle de ces "planétésimales". La planète est d'abord très chaude, toujours du fait de l'énergie gagnée par attraction. Elle est liquide, les atomes se décantent comme du limon dans un étang, les plus lourds allant de préférence vers le centre. La loi de la gravitation, devenue celle de la pesanteur, continue de *différencier* la matière. Elle agit encore à présent. Sans elle, il n'y aurait pas de séparation de la croûte terrestre et du manteau, pas de larges mouvements convectifs dans les profondeurs, pas de nouveaux continents ni de remise au four des anciens, pas de relief montagneux, de nuages ni de rivières : rien qu'un vaste océan sur des fonds endormis. C'est elle qui retient autour de la planète l'air que nous respirons. On pourrait allonger indéfiniment la liste de ses travaux tandis qu'elle écrit sous nos yeux la merveilleuse histoire du monde.

« Et parlerai-je, Nathanaël, de l'apparition de la vie ? Elle commence certainement, elle aussi, par un processus créateur, celui de molécules organiques et, cette fois, c'est la chimie qui est aux commandes, la chimie de part en part régie par les lois quantiques.

« Mais qu'y a-t-il ? Tu parais surpris, Nathanaël, que l'on puisse attribuer aux lois la faculté de créer, malgré tous ces exemples. Peut-être est-ce une question de langage et faudrait-il dire les choses autrement. On pourrait dire : les lois de la relativité générale sont intemporelles, puisqu'elles régissent ce qu'est le temps. Elles contiennent en germe de nombreuses applications, qui ont ou non un sens selon les circonstances : c'est ce qu'on a vu à propos de l'expansion de l'espace et de la gravitation. Ces applications, ces conséquences, sont en puissance dans les lois elles-mêmes, puisqu'on peut, tout au moins en principe, les en déduire mathématiquement.

« On pourrait dire aussi, en utilisant d'autres mots, que bien des faits de l'histoire du monde sont présents hors du temps, dans les lois, en tant que potentialités, que possibilités anticipées par ces lois. C'est l'histoire du monde qui les fait apparaître, page après page. Dire "lire", "réaliser", "réifier" (un mot de philosophe qui signifie donner réalité à ce qui peut être pensé), ou dire "créer", c'est une pure affaire de langage. En disant que les lois créent, je veux donc dire simplement qu'elles sont comme des pages écrites d'avance, hors du temps, qui donne ces pages à lire une à une. Dirons-nous que c'est le temps qui crée ? Cela va de soi, mais il ne le fait qu'en fonction des circonstances. Et d'où viennent ces circonstances ? Du temps passé et de ce que les lois ont déjà permis.

« Cela ne signifie pas cependant "tout est écrit". Les pages ne contiennent que des formes, des catégories de possibles, pas des événements. Chaque page devient lisible ou non, à un moment ou un autre, ici ou là, voilà tout. Il est même concevable, et fort probable, que d'innombrables pages ne seront jamais lues et resteront closes à jamais. Les hommes de demain en liront sans doute d'autres, qui étaient en puissance et disponibles depuis toujours et qui se tiennent prêtes pour les prochains millénaires. Du moins je l'espère. »

La liberté quantique

Nous étions sortis nous détendre à la terrasse d'un café. Écoute parlait de ses problèmes. Sa grande difficulté était la présentation de la tour quantique. « Vous comprenez, disait-il, cette physique quantique est trop abstraite pour un film.

J'y mets pourtant de l'action avec de la bagarre, quand des atomes se cognent et qu'ils crachent de la lumière, j'ai ajouté des scènes d'attirance entre molécules, mais j'ai l'impression de revenir ainsi deux mille ans en arrière, quand les philosophes ne concevaient la physique que comme un jeu de haine et d'amour.

« Je présente évidemment la tour quantique dans ses proportions véritables et je la montre immense, plus vaste que celle de l'espace-temps et pleine à craquer de trésors. Mais mon problème est de montrer ces trésors, or si je peux mettre en scène le laser, les transistors et l'ordinateur, l'électronique et les matériaux composites, le reste est trop abstrait pour mon film, tout passe par le discours et non par l'image. Je dis : "Tous les secrets sur lesquels des hommes de pensée se sont interrogés pendant des siècles sont là ; on y explique pourquoi la roche est impénétrable alors que l'eau est fluide, pourquoi le cuivre conduit l'électricité et son oxyde est un isolant, pourquoi le fer peut s'aimanter. Vous verrez ce qu'est la couleur et aussi la nature de la lumière. Vous aurez toutes les explications sur la chaleur et sur les mouvements cachés des atomes. Les *qualités* de la matière vous seront aussi présentées et commentées, tout ce que la physique et la chimie d'autrefois ne pouvaient que mesurer sans le comprendre, on le dévoile et on le calcule, c'est la résistivité du cuivre, l'indice de réfraction de l'eau, les données chimiques d'une réaction, la liste est sans fin. N'oubliez surtout pas les merveilleuses lois qui gouvernent les particules."

« Oui, je dis tout cela, mais dès que j'explique un peu en détail, cela devient abstrait et on tombe dans les mathématiques. J'ai essayé d'en faire un spectacle. Je montre des équations, comme un déroulement de hiéroglyphes le long de colonnes qui remontent jusqu'à la voûte. Je dis que ce sont des tresses de signes qui dénouent et brodent les conséquences des lois fondamentales et que celles-ci, les premières ou dernières selon qu'on est théoricien ou expérimentateur, sont inscrites en majesté au plus haut de la tour. J'ai cité des poètes, Stéphane Mallarmé : "Luxe, ô salle d'ébène où pour séduire un roi, s'enroulent savamment de sévères volutes" ; mais Mallarmé ne semble pas rendre les choses plus faciles à comprendre. J'ai l'impression d'être Aladin sortant de la caverne où l'avait envoyé l'enchanteur et qui ne pourrait pas dire ce qu'il a vu, car ceux qui l'écoutent ne savent pas ce que signifient les mots "or, rubis et diamant" lorsqu'il les prononce. »

La liberté des possibles

Après un court moment, Écoute sembla retrouver son enthousiasme en s'adressant à Nathanaël. « Il y a quelque chose qui donne le frisson à mes visiteurs. C'est un autre caractère des lois, mais des seules lois quantiques. C'est la liberté. » Il parla d'abord du carcan fataliste du déterminisme classique. Il dit que la plupart des gens voient encore les lois sous ce jour, et seulement celui-là, car c'est ainsi qu'elles se présentent à leurs yeux. Si l'on prend l'exemple d'un ballon de football, c'est un objet classique parfait et un coup de pied savant lui imprime une impulsion et une rotation sur lui-même — un effet — à partir de quoi son interaction avec l'air ambiant détermine sa trajectoire sans que rien, sauf un autre coup de pied, ne puisse la changer. La courbe qu'il trace dans l'espace peut être très belle, mais les applaudissements ne s'adressent jamais au pauvre ballon si bien déterminé, car il est soumis aux lois inexorables de Newton autant qu'aux coups de pied de son disciple Zidane.

Et pourtant, l'un des caractères majeurs des lois quantiques, au-delà de ces apparences, c'est de donner libre cours aux possibles. La tour quantique, quand on y habite, évoque la merveilleuse abbaye de Thélème dont Rabelais avait écrit la règle : « Fais ce que veux. » C'est la règle absolue dans le monde quantique. Tout y est possible et c'est la seule réalité.

« Souviens-toi du jeu d'Écoute-s'il-pleut, dit-il à Nathanaël. Tu as vu comment le hasard décide de la position d'une particule au moment d'une mesure : tout résultat est possible, à condition que sa probabilité ne soit pas nulle. Des physiciens se sont demandé si ce hasard n'était qu'une apparence et si des mécanismes cachés ne dicteraient pas les résultats des mesures. John Bell a trouvé le moyen, en 1964, de tester cette hypothèse par l'expérience, une expérience qu'Alain Aspect et d'autres ont réalisée, pour conclure par la négative. Il faut donc fermer la parenthèse et admettre la présence d'un hasard absolu, acausal, dans le monde quantique. Ainsi, pour t'en donner une idée, imagine qu'un démiurge farceur introduise par malice des lois quantiques dans un stade de football. On cesserait de voir le ballon, à cause des relations d'incertitude. L'arbitre ne se donnerait plus la peine de courir, puisque le ballon pourrait être partout. Les joueurs privés de repères et de belles trajectoires joueraient à l'aveuglette comme autant d'atomes, ils taperaient ici et là, au hasard, de la tête et des pieds ; parfois l'un d'eux sentirait un choc au bout du pied : oui ! il a touché le ballon ! Mais alors quelle angoisse, il ne saurait pas si le ballon se dirige vers le but adverse, en touche, en corner, ou vers son propre but. Les filets seraient l'instrument de mesure qui détecterait le ballon comme à Écoute-s'il-pleut, mais la partie ne serait qu'un jeu de loterie. Tout serait le jouet du hasard et le ballon tirerait la morale de l'histoire : fais ce que veux !

« Mais le monde quantique offre une place bien plus vaste encore à la liberté, par la multiplicité de ses possibles. Tu te souviens des histoires de Feynman et des clones qui les parcourent dans le jeu d'Écoute-s'il-pleut. Il arrive qu'une particule parte de Paris et qu'elle soit détectée à Lyon, et cela fait partie des possibilités du hasard. Mais tu as bien vu que la probabilité du résultat est dictée par une amplitude (une flèche), et que celle-ci est la résultante d'une multitude d'amplitudes d'histoires (les aiguilles sur les cadrans des clones). Ainsi la possibilité d'arriver à Lyon au bout d'une minute est contrôlée par une infinité de possibilités plus fines, celle de toutes les histoires — ou des clones — qui partent de Paris et arrivent à Lyon une minute après.

« Il y a plus encore. Quand on forme la flèche "amplitude" en ajoutant toutes les aiguilles des clones, celles-ci ont toutes la même longueur. Elles ne diffèrent que par leur phase, c'est-à-dire leur orientation sur le cadran. Elles contribuent toutes au résultat avec le même poids ou, si tu préfères, elles ont toutes des voix égales dans la décision finale. Toutes les possibilités d'histoires concevables contribuent donc également au résultat final et chaque histoire est absolument quelconque. Sa seule morale est : "Fais ce que veux, et advienne que pourra." La liberté, ou la multitude des possibles qui en est la forme radicale, est donc profondément implantée au cœur même de la mécanique quantique et de ses lois. La liberté totale, c'est ce qu'il y a derrière le hasard absolu. »

Écoute se dévoile

Nathanaël paraissait perdu dans un rêve et nous, qui le regardions, ne prêtions plus guère attention à ce qui nous entourait jusqu'à ce qu'une impression d'absence vienne nous frapper. Écoute n'était plus là sans que nous l'ayons vu disparaître, sa haute silhouette n'apparaissait nulle part sur la place. Pourtant, il n'aurait pas dû être loin. Nathanaël, comme s'il se réveillait, le chercha aussi du regard. Il ne parut pas s'étonner de la disparition du guide, il demanda simplement : « Mais est-ce un homme ? » Nous nous posions la même question dont la réponse semblait évidente, sans que nous osions la formuler.

Enfin l'un de nous murmura : « À part un démiurge, je ne vois pas ce qu'il pourrait être.

— Un démiurge ! s'écria Nathanaël, comme celui dont vous me racontiez l'histoire et que je croyais sorti tout droit de votre imagination.

— Toi aussi, Nathanaël, tu as beaucoup d'imagination et à nous trois, nous avons fort bien pu le susciter. Des quantités de gens croyaient voir le diable au Moyen Âge ; ils avaient des discussions avec lui, ils l'injuriaient ou tremblaient devant lui. Il y en a d'autres qui voient la Sainte Vierge ou l'ange Gabriel, d'autres qui ont la visite de Bouddha. Nous trois, nous écoutions un démiurge et nos grenadines étaient peut-être moins allégées qu'elles ne paraissent.

— Un démiurge, ouah ! Quel dommage qu'il soit parti sans que je l'aie reconnu, reprit Nathanaël, je lui aurais demandé... »

Ses yeux s'écarquillèrent sans qu'il eût achevé sa phrase car là, sur la chaise vide un instant auparavant, Écoute était assis et nous regardait en souriant.

« Tu m'aurais demandé quoi ? » dit-il à Nathanaël.

Celui-ci déglutit, hésita, puis se lança :

« Je vous aurais demandé, Monsieur Écoute, ou plutôt Grand-Maître, Monseigneur…

— Va pour Écoute ; tu disais donc ?

— Je me disais que vous nous aviez montré le palais des lois tel qu'il est en ce moment, avec les lois que les chercheurs ont découvertes jusqu'à présent ; et je me demandais ce qu'il sera demain, dans un siècle, ou peut-être davantage. Le savez-vous ? »

Éludant la question, Écoute répondit : « Tu es jeune, Nathanaël, et tu regardes l'avenir en essayant de voir loin, le plus loin possible. C'est ce que j'ai toujours aimé dans l'espèce humaine. Je ne vais pas te dévoiler l'avenir, quoique tu sembles croire que je le connais. C'est inexact, j'ai tout au plus une intuition du possible. Cela m'a été utile dans ma carrière, sur laquelle je ne m'étendrai pas, mais je voudrais te dire ceci.

« Il y a plusieurs manières d'envisager la science. La première est celle que je viens de vous montrer, le palais des lois. On s'y pénètre des données connues, vérifiées, des faits acquis et des lois qui les charpentent. C'est en quelque sorte la contemplation du savoir.

« Il y a aussi la recherche, qui ajoute brique après brique aux ailes du palais. C'est beaucoup de travail, souvent l'occasion de frustrations mais aussi d'un plaisir interne, plus qu'humain, quand la nature consent à répondre à la question qu'on lui pose. Cela suppose évidemment que la science soit incomplète et qu'il reste des curiosités à trouver, ou des trésors à débusquer, voire même des horizons à dévoiler.

« Certains demandent ce qui reste encore à découvrir et s'interrogent sur l'avenir de la science, sur ce qu'il est encore possible de connaître dans cet Univers. Je ne peux révéler des secrets qui ne m'appartiennent pas, mais je pense qu'il y a énormément à faire.

 « Ainsi, je vous ai dit que les deux tours du palais des lois, la quantique et celle de l'espace-temps, devraient certainement se rejoindre. Il y a des fausses notes quand on les fait jouer ensemble et personne ne sait encore harmoniser leurs lois. Cela se passe à des distances extraordinairement petites, de l'ordre de 10 puissance moins 35 mètres[1], mais les humains ont toujours trouvé une cohérence nouvelle chaque fois qu'elle semblait leur échapper ; ils cherchent à nouveau dans ce cas. Je pense qu'ils ont raison de le faire.

 « Vous croyez peut-être toucher bientôt le but car votre imagination ne va pas plus loin. Allons, réfléchissez !

 « Il ne m'appartient pas de révéler certains secrets. Il revient aux humains de les découvrir, je me garderai de les décourager. Je vois une lueur dans tes yeux, Nathanaël, à quoi penses-tu ?

 — Je me demandais, répondit le jeune homme, s'il serait un jour possible de comprendre l'essentiel, de l'atome à l'homme et même jusqu'à la société humaine, au travers de lois transparentes où nous puiserions notre liberté. Est-ce possible ?

 — Pourquoi pas ? Mais l'homme et la société humaine auront alors bien changé. »

 À nouveau Écoute avait disparu. Nathanaël n'en continuait pas moins de murmurer : « Pourquoi pas ? Pourquoi pas ? Et après… »

---

1. C'est-à-dire un millionième de milliardième de milliardième de milliardième de centimètre !

Chapitre 6

LA TRANSMUTATION DES LOIS

Les deux étages du palais des lois ne communiquent que par des escaliers secrets et cela crée bien des risques de confusion. Il y a, rappelons-le, un étage « classique » où se trouve décrit parfaitement tout ce que nous avons sous les yeux, tout ce qui s'offre à nos sens et à quoi notre espèce s'est adaptée depuis toujours. Notre cerveau en porte l'empreinte ; il s'est formé au contact d'objets palpables, visibles, et tous de taille énorme par rapport à l'atome. Le second étage du palais comporte en revanche une tour quantique où tout paraît étrange au cerveau humain. Les choses qu'on y trouve seraient incroyables si des expériences innombrables ne les avaient confirmées et les confirmaient chaque jour davantage.

« Qu'y a-t-il là d'étrange ? diront certains. Quand, au temps de l'empereur Claude, les légions romaines ont conquis la Grande-Bretagne, les combattants bretons ont eu peur de quelques éléphants et d'une vingtaine de chameaux qui accompagnaient les Romains, car c'était pour eux un spectacle inouï. Or voilà tout au plus un siècle que nous sommes sûrs qu'il y a des atomes, et si cela reste étrange, c'est pour être hors de notre espace mental. Il suffit de s'y habituer, beaucoup l'ont déjà fait, à l'instar des Anglais, successeurs des Bretons d'autrefois, qui n'étaient plus allergiques aux éléphants de l'armée des Indes ni aux chameaux d'Égypte. Qu'y a-t-il de différent ? »

Il y a beaucoup de différences, mais il suffit d'en relever une pour l'instant. Il est beaucoup plus difficile d'apprivoiser le quantique qu'un troupeau d'éléphants ; ses habitudes, ou ses lois si l'on préfère, semblent trop choquer la raison ordinaire. Le quantique repose en effet sur une liberté absolue des possibles, laquelle se traduit dans la pratique par un hasard intégral. Or notre raison hait ce genre de liberté dans la matière. Les philosophes les plus sobres et les plus exigeants, d'Aristote à Kant, ont toujours placé la causalité au cœur de la raison humaine. À les en croire, tout effet doit posséder une cause et toute cause entraîner immanquablement un effet, sinon la pensée ne peut exister. Cette règle de la causalité est valable à l'étage classique du palais des lois, on a vu comment elle a pris la forme du déterminisme après la découverte des lois de Newton. Ainsi nous trouvons-nous en présence de deux étages superposés, dont l'un baigne dans la liberté absolue tandis que l'autre est soumis à une causalité tyrannique. S'opposent alors un couple de contraires, hasard et nécessité, blanc et noir, liberté sans limites et contrainte rigide, qu'il semble impossible de concilier.

Pourtant ils s'accordent, comme on le sait à présent, et on peut l'expliquer. Oui, Nathanaël, l'expliquer.

Ce problème — et d'autres qui en sont proches — n'a été résolu que dans les vingt dernières années. Notons que cela signifie que trois quarts de siècle séparent le moment où la question est apparue et celui où la réponse théorique a été attestée par l'expérience. C'est long trois quarts de siècle, on peut en dire et en écrire des choses pendant tout ce temps, de fines remarques, de belles idées, des hypothèses, des spéculations, et aussi des sornettes. Malheureusement, ce sont des spéculations désormais avortées et certaines sornettes abondamment répétées qui nous obligent, Nathanaël, à t'infliger ce parcours du combattant.

En voici d'abord une, sous plusieurs formes :

— (*Forme pontifiante*) Les décisions d'un observateur affectent la signification d'une expérience quantique.

— (*Forme philosophique*) La science quantique n'est pas objective (c'est-à-dire qu'elle ne serait pas indépendante de l'observateur), elle est subjective (c'est-à-dire inévitablement rapportée à l'observateur humain).

— (*La même, en plus fort*) C'est la conscience de l'observateur humain qui détermine l'issue d'une expérience (en particulier celle d'une mesure quantique).

— (*La variante « science occulte »*) L'esprit peut donc agir directement sur la matière.

Comme on est certain maintenant que la version pontifiante n'est qu'une déformation trompeuse de la réalité, il est clair que la version philosophique est un contresens et que la dernière, parapsychologique, n'est qu'une pure sornette (l'avant-dernière étant une ancienne hypothèse avortée). L'affaire pourrait paraître réglée, mais l'impact des versions déformées sur les esprits est beaucoup trop profond et trompeur pour qu'on les traite seulement par le mépris. Trop de journaux et d'émissions télévisées en ont fait leurs choux gras, trop de livres, sérieux ou délirants, par des auteurs divers, scientifiques, philosophes, vulgarisateurs ou illuminés, en ont répandu la graine. La science quantique paraît bien suspecte après cela au bon sens, quand elle n'enflamme pas les méninges des occultistes. Une autre baliverne qui suppose l'existence d'univers multiples n'ajoute rien de bon au tableau. Elle est moins grave cependant. C'est tout au plus une hypothèse métaphysique, qui n'explique d'ailleurs rien de substantiel, indémontrable comme son contraire et sans aucune conséquence pratique.

Voilà pourquoi il nous faut parler de ces questions, bien que la plupart des gens puissent les croire très, très loin d'eux ; il faut dire pourquoi elles les concernent directement, et comment. Mais quant à toi, Nathanaël, et quant à ceux qui te ressemblent, il n'est pas nécessaire que vous nous écoutiez davantage. Il vous suffit de vous fier au bon sens pour reconnaître d'emblée que les idées antérieures étaient trop bizarres pour être vraies, en admettant avec nous qu'il ne s'agissait que de balivernes indignes qu'on s'en souvienne. Alors, souriez-en, et passez vite à la suite.

Le chat de Schrödinger

Un grave problème fut découvert par von Neumann au début des années 1930, avant d'être analysé et divulgué par Schrödinger. Voici le principe d'une expérience de pensée célèbre, grâce à laquelle ce dernier exposait le problème. Un noyau radioactif est placé devant un détecteur. On imagine pour simplifier que la radioactivité résulte de l'émission d'une particule alpha qui sortirait du noyau pour se retrouver dans le détecteur. Deux types d'histoires bien distinctes sont alors possibles, l'une où la particule est encore dans le noyau au moment où l'on interrompt l'expérience et l'autre où elle est déjà arrivée dans le détecteur. La théorie quantique du jeu d'Écoute-s'il-pleut peut rendre compte de l'expérience au prix d'une légère adaptation.

On peut imaginer que deux filets soient tendus respectivement autour du noyau et autour du détecteur, si l'on veut rester proche des conditions du jeu que l'on connaît. Les deux familles d'histoires correspondantes sont analogues aux collections de clones qui arrivaient dans une portion ou une autre d'un mur, comme on le décrivait plus haut. On peut encore procéder à l'addition des aiguilles des clones dans chacune des deux familles et on obtient ainsi deux amplitudes de probabilité, l'une pour que le noyau soit intact et l'autre pour qu'il se soit désintégré. Si l'on se rappelle qu'une fonction d'onde est la collection de toutes les amplitudes de probabilité, elle consiste simplement en ces deux amplitudes (ces deux nombres complexes) dans le cas présent ; l'appeler encore « fonction » a quelque chose d'ambigu qui trouble parfois les néophytes, aussi éviterons-nous de le faire et nous dirons simplement l'« état » du noyau.

Von Neumann avait imaginé de traiter le détecteur comme un objet obéissant lui-même, comme un tout, aux lois quantiques. Notez ce « comme un tout » qui recélait un piège, car les théoriciens aiment à simplifier et cela leur joue parfois des tours... Mais ne déflorons pas la fin de l'histoire... Von Neumann constatait alors que l'état du détecteur était exactement semblable à celui du noyau, donc composé de deux amplitudes. Outre une analyse plus serrée, Schrödinger eut l'idée de rendre le problème plus palpable en invitant un chat à participer à l'expérience. Ce fut le plus célèbre des chats, du moins parmi tous ceux que des physiciens caressent, mais il eut à en souffrir. Un « dispositif diabolique », selon l'expression de Schrödinger, amenait le détecteur à déclencher un jet de poison qui tuait la pauvre bête aussitôt qu'une désintégration se produisait. Quand Minou est décrit à son tour comme un tout, son état se trouve à nouveau réduit à deux nombres complexes (voire un seul après un zeste supplémentaire de mathématiques).

Que de commentaires n'a-t-on pas faits là-dessus ! On a dit que le chat est à la fois vivant *et* mort, alors qu'on s'attendrait au pire à ce qu'il soit ou bien mort ou bien vivant, ce qui ramènerait le cas à une banale loterie, à un jeu de roulette russe pour chats, en somme. Ce problème pouvait se ramener à ceci : comment l'état dans lequel se trouve un chat, un vrai chat, un chat bien réel, peut-il être décrit par un nombre complexe, un de ces nombres qu'on appelait naguère « imaginaires » pour souligner que ce n'est pas un vrai nombre ?

Ces deux problèmes, celui de la communication des deux étages classique et quantique et celui de l'état du chat, ont empoisonné très longtemps la compréhension des lois quantiques, soit directement, soit par contagion. On peut en juger à la solution désespérée que suggéra un jour von Neumann : une intervention de la conscience de l'observateur qui « classiciserait », si l'on peut dire, ce qu'elle observe. L'argument ne manque pas en fait d'ironie. Von Neumann supposait en effet que la conscience était par essence incapable de voir double, c'est-à-dire de voir un chat mort en même temps que vivant. C'était avant la mode de la psychopathologie car, après tout, si quelque chose dans ce monde est capable de dédoublement, c'est bien la conscience. Les choses deviennent cocasses depuis que la majorité des expériences ne sont plus contrôlées par un observateur humain, mais leurs résultats directement enregistrés par des ordinateurs. Imagine-t-on qu'une forme de conscience d'ordinateur puisse encore nous tirer d'affaire ? Personne ne s'y risque.

Or qui a inventé l'ordinateur, quelques années plus tard ? Nul autre que von Neumann en personne ! On peut imaginer qu'il était trop intelligent pour prendre au sérieux un instant les sornettes qui cloneraient ses idées.

La décohérence

Voyons ce qu'il en est aujourd'hui. Il y avait trois problèmes irritants, l'un de nature logique, un autre concernant la relation de correspondance entre les concepts quantiques et classiques, et le troisième celui du chat : comment un objet macroscopique (c'est-à-dire constitué de nombreux atomes, comme c'est le cas d'un chat) peut-il paraître ou bien mort ou bien vivant ? Ces trois problèmes sont maintenant résolus et leurs solutions ont été confirmées par de belles expériences[1]. Nous préférons cependant ne rien dire des deux premiers problèmes, car il y faudrait des mathématiques dont nous ne voulons pas embarrasser inutilement le lecteur. Concentrons-nous donc sur le troisième.

On peut décrire commodément sa solution en revenant à l'image du palais des lois. Les deux étages, classique et quantique, ne sont pas séparés par un plafond épais, comme Bohr invitait à l'établir, mais communiquent par un large puits. L'entrée de ce puits est munie d'un filtre dont

---

1. Ces travaux ont requis les efforts de nombreux chercheurs que nous ne pouvons tous citer (c'est d'ailleurs le propre de la science que, comme les cathédrales, ses pierres n'ont pas besoin d'être signées). En langue française, on peut trouver plus de détails dans deux livres de l'un des auteurs (R. Omnès), *Philosophie de la science contemporaine*, Paris, Gallimard, « Folio-essais », et *Comprendre la mécanique quantique*, Paris, EDP-Sciences. Le premier, qui s'adresse à un public de non-spécialistes, est sans équations, le second en comporte.

le fonctionnement est contraire à celui des filtres ordinaires. Les objets physiques composés de très peu d'atomes sont arrêtés par le filtre et renvoyés dans l'étage quantique. Les objets assez gros, macroscopiques, constitués par beaucoup d'atomes, traversent le filtre et aboutissent à l'étage classique. Il existe en outre des systèmes physiques exceptionnels, fabriqués par les physiciens, qui sont capables de tromper le filtre, mais nous n'en parlerons pas. Le nom de ce puits est « décohérence » ou encore « transmutation des lois ».

Prenons l'exemple d'un chat et considérons son état à la sortie du fameux dispositif diabolique. On pourrait objecter qu'un chat est un être vivant et non un objet physique, mais les biologistes nous disent que les êtres vivants sont sujets aux mêmes lois physiques et chimiques, donc peu importe. Si cela vous gêne, remplacez partout le mot « chat » dans ce qui va suivre par « aiguille de voltmètre », en pensant à celle qui se trouve sur le compteur Geiger (c'est-à-dire le détecteur) de l'expérience de désintégration initiale (sans chat).

Un chat de bonne facture contient environ, tous atomes confondus, cinq à dix milliards de milliards de milliards d'électrons et autant de protons, sans compter les neutrons. C'est une belle somme. On peut se demander si, dans ces conditions, il est raisonnable de réduire la description de l'état du chat au sortir de l'expérience par un seul nombre quantique, et si la clef du problème n'était pas là.

Von Neumann, Schrödinger et leurs émules n'étaient évidemment pas naïfs, ils avaient une réponse. Ils s'appuyaient sur ce qu'on appelle la « linéarité » de l'équation de Schrödinger, linéarité qui équivaut, dans le jeu d'Écoute-s'il-pleut, à l'addition des aiguilles associées aux histoires pour former les amplitudes (c'est-à-dire les flèches d'où l'on tire des probabilités). L'addition est une opération linéaire, c'est-à-dire que, en ajoutant deux flèches bout à bout, on obtient encore une flèche (une flèche étant un segment de ligne droite, d'où le mot « linéaire »). Cette propriété est donc enracinée dans les principes quantiques et l'on ne peut l'en déraciner.

Soit, mais que pouvons-nous connaître d'un chat ? On peut le regarder, observer la position de sa tête, sa queue, ses oreilles, etc. On peut compter ses poils, les regarder au microscope, voire au microscope électronique s'il le faut. On peut observer ses cellules, les organites qui y sont présents, l'ADN dans les noyaux cellulaires. Cela fait un nombre énorme de données concevables, mais toujours beaucoup moins que celui des électrons de son corps. L'observation ne peut donc pas atteindre le niveau quantique du chat, sa fonction d'onde ou ses amplitudes internes de probabilité. Elle ne le peut pas, mais est-ce une question de moyens ou une question de principe ? Ne pourrait-on pas tout savoir du chat en tant qu'assemblage de particules en utilisant des appareils plus puissants ?

C'est le calcul qui permet de répondre. On constate en effet, à partir des lois fondamentales, que l'appareil prodigieux qui révélerait tout du chat quantique exigerait à lui seul infiniment plus de matière qu'il n'en existe dans tout l'Univers. Donc, tous les moyens dont l'Univers dispose ne permettent pas de tout connaître d'un petit chat.

C'est alors que les théoriciens interviennent. Ils décident de ne tenir compte, dans l'état du chat, que de ce qui est connaissable ; c'est beaucoup, mais bien inférieur à ce qui reste inaccessible et inconnaissable. Le théoricien passe donc une éponge mathématique sur cet inconnaissable, pour voir ce que devient le connaissable (notons qu'il s'agit du connaissable « en principe » et non seulement de ce que l'observateur humain peut atteindre). Il effectue donc un calcul pour éliminer l'inconnaissable et il constate alors un effet prodigieux, le plus rapide qui soit et qu'il appelle la « décohérence ». L'élimination agit comme un puissant effet d'interférence qui fait disparaître toute trace des nombres complexes et de leurs phases. Ne comptez pas sur nous cependant pour donner une explication plus précise, car vous pensez bien que s'il existait un moyen simple pour deviner l'action de cet effet avec un peu d'intuition, le problème n'aurait pas tenu tant de gens en haleine aussi longtemps.

Ainsi, en fin de compte, les deux étages, classique et quantique, communiquent par un puits muni d'un filtre. Les objets de la tour quantique sont conformes aux lois de la liberté absolue, mais celles-ci sont une pure forme mathématique que nous pouvons penser mais que nous ne pouvons appliquer directement qu'à des objets simples, ceux qui ne traversent pas le filtre : les particules, les atomes et divers aspects des molécules légères, mais non pas tous les détails des molécules plus lourdes. Au-delà, quand les objets deviennent trop gros, nous devons nous rabattre sur le connaissable et celui-ci se comporte différemment : classiquement.

Cela ne signifie pas que les lois fondamentales cessent d'être vraies, mais elles prennent une autre forme parce que nous exigeons d'elles de dire le connaissable, de se restreindre à ce que nous-mêmes (ou quoi que ce soit dans l'Univers) pouvons connaître ou mesurer. Ajouter « ou quoi que ce soit dans l'Univers » n'est évidemment pas une clause de style, car cela signifie qu'on reste bien dans le cadre de l'objectivité. La restriction à ce qui est connaissable *en principe* provoque une véritable transmutation des lois, un changement de leurs caractères apparents, et c'est une des grandes découvertes philosophiques de notre temps.

La transmutation des lois

Nous avons employé le vieux mot de « transmutation » par lequel les alchimistes exprimaient l'effet de la pierre philosophale. Cette pierre magique était censée transformer le plomb en or (ou peut-être risquait de transformer l'or en plomb, mais on ne le mentionnait pas). La décohérence transmute les lois ; elle en change les caractères et les apparences bien que nul ne songe à dire que les lois fondamentales, quantiques, ont disparu. Elles restent les seules universelles et la forme nouvelle qu'on les voit prendre à l'étage classique n'en est qu'un cas particulier, valable pour les seuls objets macroscopiques quand d'innombrables quantités quantiques, inaccessibles, ont été éliminées. Les conséquences en sont profondes, mais il suffira de mentionner celles qui entrent dans le cadre de ce livre.

Les interférences disparaissent. Ce qui frappe le plus les spécialistes, c'est de voir disparaître les interférences quantiques au niveau macroscopique. Essayons d'être précis pour que ce soit plus clair. Un caractère essentiel des lois quantiques est leur linéarité. Cela signifie que lorsqu'on ajoute deux amplitudes, on obtient une autre amplitude tout aussi valable ; quand on ajoute deux fonctions d'onde, on obtient une autre fonction d'onde, et c'est cette propriété fondamentale qui faisait penser à von Neumann et à Schrödinger qu'il était impossible de lui échapper. C'est pour cela que ce dernier ne pouvait surmonter le dilemme d'un chat à la fois mort et vivant, car l'état formel du chat était la somme de deux fonctions d'onde dont l'une représentait un chat mort et l'autre un chat vivant. Mais la décohérence détruit la linéarité. On dit aussi qu'elle détruit la cohérence entre les phases, d'où le nom qui lui est donné.

Cela n'a rien de surprenant car lorsqu'on se penche sur les résultats, on constate que l'élimination des quantités quantiques inaccessibles passe par celle des fonctions d'onde. L'expression exacte de la fonction d'onde d'un chat est en effet incomparablement plus difficile à atteindre que ses quantités visibles. Rien ne pouvait être davantage attendu que ce résultat, car personne n'a jamais rien vu qui ressemblât à une superposition quantique d'états d'un chat ou d'une aiguille de voltmètre. En revanche, on comprend enfin que cela ne suppose pas des lois de nature différente aux échelles microscopique et macroscopique. C'est seulement leurs formes qui sont différentes, car elles ne portent pas sur les mêmes quantités. Les lois quantiques sont en principe vraies pour le chat, mais elles sont inutilisables en pratique ; les lois macroscopiques sont utiles dans la pratique, en particulier pour un chat ou un voltmètre, mais on commettrait une grave erreur en essayant de les appliquer à un atome.

Ajoutons que la décohérence n'a pas une action instantanée ; il lui faut un certain temps pour agir, quoique ce temps soit incroyablement court. Il suffit en effet qu'une aiguille de voltmètre ait été heurtée par quelques molécules d'air, ou que l'esquisse du commencement d'un frottement affecte les atomes de son axe, pour que la décohérence ait déjà fait son œuvre de « déquantification ». Cela entretint d'ailleurs le suspense pendant plus d'une dizaine d'années. La théorie de la décohérence devenait de plus en plus fiable, sans qu'on parvienne pourtant à la vérifier par l'expérience. L'effet était si rapide qu'il avait déjà agi avant qu'on ait pu mesurer quoi que ce soit. Une expérience très astucieuse de Michel Brune, Serge Haroche et Jean-Michel Raimond permit de contourner l'obstacle en travaillant sur quelques photons comme quantités inaccessibles, et les résultats confirmèrent exactement les prévisions.

L'effet existe donc bien et on le comprend. Sortent alors de scène les observateurs prétendus nécessaires à la manifestation des propriétés quantiques, et leurs états de conscience avec eux. Tout redevient splendidement objectif, la mécanique quantique cesse d'être la terre d'asile des obscurités fantasques que des occultistes, tordeurs de cuiller et télépathes, avaient cru pouvoir coloniser.

La physique classique. La forme que prennent les lois lorsque, surgissant du puits de la décohérence, elles cascadent à l'étage classique, est celle qu'on connaît depuis belle lurette : les lois newtoniennes, comme on pouvait s'y attendre. On s'y attendait certes, mais il fallut longtemps pour le démontrer et la cote des paris était parfois bien basse. Nous ne tenterons pas d'esquisser comment on sait reconstruire à présent l'étage classique à partir des lois quantiques, mais quelques points importants méritent d'être signalés.

Le déterminisme. En fait, ce que certains philosophes ont le plus de réticence à admettre, c'est qu'on puisse récupérer le déterminisme classique en s'appuyant uniquement sur la mécanique quantique, alors que le hasard y règne en maître absolu. Cela leur paraît une contradiction dans les termes : comment en effet le hasard pourrait-il engendrer des nécessités ? Les mots eux-mêmes s'opposent, ils sont parfaitement contraires. Oui, les mots... mais rien n'est plus flou qu'un mot, on connaît ce vieil exemple : combien faut-il avoir perdu de cheveux pour devenir chauve ? « Combien », tel est le mot-clef. La théorie prédit en effet que les lois déterministes de Newton sont vraies à grande échelle, à une infime probabilité d'erreur près. On reste donc fondamentalement dans le cadre du hasard, puisque tout ce qu'on affirme repose sur une probabilité. Mais celle-ci est si grande (ou son opposée si petite) qu'on est extrêmement proche d'une certitude et le hasard est rigoureusement circonscrit.

Une pomme qui tombe en l'absence de vent se retrouve toujours sous la branche d'où elle s'est détachée pourvu qu'elle ne roule pas ; or elle pourrait tomber à dix mètres de là ou monter vers le ciel. Elle le pourrait, mais la probabilité correspondante, parfaitement calculable, est si petite qu'il n'y aura jamais assez de pommes dans tout l'univers pour que cela se produise, ne serait-ce qu'une fois.

On notera que des lois déterministes, ou quasiment telles, restituent avec elles les notions de cause et d'effet, lesquelles étaient absentes dans l'océan quantique des possibles. La causalité est effectivement valable — hormis les incertitudes dues aux effets de chaos — mais elle a perdu de sa superbe. La causalité n'est plus le grand principe philosophique universel sur lequel Aristote et Kant s'appuyaient. Elle a aussi sa probabilité d'erreur, une probabilité très petite pour la pomme qui tombe, mais un risque d'erreur insupportablement grand quand on descend à l'échelle de l'atome, où elle ne signifie plus rien.

On peut noter au passage une relation étroite entre la causalité et le sens du temps. La cause précède l'effet, la récolte ne vient pas avant les semailles et les enfants ne naissent pas avant la rencontre de leurs parents. En fait, on peut montrer que la décohérence introduit une direction dans le temps — ce que les lois quantiques fondamentales ignoraient —, mais c'est une autre affaire.

Le retour au sens commun. Que n'a-t-on dit et écrit d'un conflit supposé et d'une incompatibilité foncière entre les lois quantiques et le sens commun ! Or des travaux de logique assez poussés ont permis leur réconciliation, mais c'est encore une fois la décohérence qui a noué les derniers nœuds. Sans entrer dans de redoutables méandres, il suffit sans doute de mentionner qu'après la transmutation des lois par décohérence, non seulement tout ce qu'on peut dire du monde sensible devient classique, mais la logique correspondante se ramène au sens commun.

Ce sens commun, que le cerveau humain a construit au cours des siècles au contact des régularités de la nature, ne pouvait être trompeur, il se fonde à présent en dernier ressort sur les lois fondamentales de l'étage quantique. Certes, il ne peut s'appliquer aux atomes, mais une entreprise analogue à celle que Descartes avait menée autrefois ne s'en profile pas moins. Elle ne consisterait plus à fonder la philosophie sur des principes désormais caducs, dont la causalité est le meilleur exemple, mais sur les lois découvertes par la science à force de travail et au prix de grands efforts. Cela conduira-t-il à une nouvelle philosophie de la connaissance, celle de l'homme III ? Nous laisserons la question aux démiurges.

Chapitre 7

LA QUESTION DE LA LIBERTÉ

Les progrès actuels de la biologie sont fascinants, elle tient maintenant le premier rôle dans la mutation moderne des connaissances. Rien n'illustre mieux la proliférante créativité des lois de la nature que la richesse et la subtilité des mécanismes de la vie. Nous serions donc tentés de nous contenter d'applaudir aux découvertes des biologistes en disant : « Bravo, encore », s'il n'y avait un mais... Oh ! ce n'est pas un « mais » qui s'adresse à la biologie ni à tous les biologistes, loin de là, mais il sera plus clair si l'on recourt à des exemples.

Prenons par exemple un livre remarquable, *Le Gène égoïste*[1] de Richard Dawkins. L'auteur a trouvé un moyen pédagogique efficace pour mieux faire comprendre les relations de la génétique à l'évolution. Il suppose que le gène est le principal acteur de la vie et qu'il a un but, un but unique, obsédant, incessant : survivre en se reproduisant et

---

1. Paris, Odile Jacob, 2003.

en augmentant sans cesse ses chances de durer. Parmi les moyens qu'il emploie, il y a les mutations qui lui permettent d'explorer des voies nouvelles en passant par des êtres vivants qui vont le porter et le transmettre, dont certains seront mieux adaptés au milieu et mieux armés pour la lutte, à moins qu'ils ne meurent par manque de chance. Peu importent la larve, la chenille, la chrysalide ou le papillon, le singe ou l'homme essayés au passage, ils ne sont que les porteurs transitoires du gène aveugle et égoïste.

Si l'on prend cette idée comme une fable, elle a une valeur pédagogique, sinon du charme. Elle permet au lecteur de Dawkins de ne pas fixer son attention sur les individus visibles, une tendance naturelle qui peut devenir un obstacle à la compréhension des questions de génétique. Une telle fable aurait aussi sa moralité. Celle de la fable de La Fontaine où l'estomac, Maître Gaster, pensait que tous les membres du corps étaient voués à son service. Elle pourrait donner lieu à un jeu où l'on imaginerait, par exemple, que les pieds du fuyard cherchent à assurer leur propre survie. Il semble cependant que Dawkins finisse par croire lui-même à son histoire, laquelle de fable devient insensiblement idéologie.

On voit de plus en plus apparaître de nos jours des constructions analogues où certaines interprétations de la biologie se transforment en thèses philosophiques. Nous voudrions en examiner une qui entre directement dans le cadre de ce livre. Elle est importante, car elle concerne la question de la liberté humaine.

La question du libre arbitre

Les surgeons philosophiques de la pensée biologique nous auraient laissés indifférents si un article de Michael Ruse, dont on a beaucoup parlé, ne nous avait éveillés de notre sommeil dogmatique[1]. Rien n'est plus facile que d'énoncer la thèse de Ruse, que voici : la liberté de l'homme n'est qu'une illusion, toute sa pensée n'est que le jeu de mécanismes. Cela nous avait d'abord paru anecdotique, mais des conversations avec des collègues biologistes nous ont fait constater, avec étonnement, qu'il ne s'agit pas d'une idée en l'air, d'une idée pour divertir, mais qu'un assez grand nombre de scientifiques sérieux la partagent. Dans ces conditions, elle nous concerne.

Elle nous concerne tous, car toute la question de l'éthique et de la responsabilité est en jeu. La question de fond reste toujours posée : l'homme est-il libre ou est-il totalement gouverné par des mécanismes ?

Cette question entre doublement dans le cadre de ce livre. D'abord, parce qu'il ne servirait à rien de se demander ce qu'il faut faire et penser dans le flux de la mutation, si tout l'avenir était déterminé par nos mécanismes. Ensuite, parce que cette thèse est une résurgence du déterminisme, sous une forme plus agressive que jamais, et qu'elle pose donc la question de la signification des lois de la nature. C'est sous cet angle que nous nous proposons de l'examiner.

---

[1]. Michael Ruse, « Une défense de l'éthique évolutionniste », dans le livre publié sous la direction de Jean-Pierre Changeux, *Les Fondements naturels de l'éthique*, Paris, Odile Jacob, 1993.

Qu'il soit clair d'abord que nous ne sommes pas naïfs. La neurologie et la psychiatrie ont amplement démontré que des mécanismes biologiques puissants limitent la liberté humaine et qu'ils peuvent aller jusqu'à l'annihiler. L'aliénation mentale en est un exemple douloureux. Il est également clair que l'histoire personnelle de chaque individu et les pressions sociales qu'il subit jouent un rôle contraignant, sinon déterminant dans la façon dont il se comporte. Lorsque Socrate affirmait qu'une vie non soumise au libre examen — le fameux « connais-toi toi-même » — est indigne d'être vécue, il ne prétendait pas que cet examen était facile ; bien au contraire. Il est évident que la liberté intérieure est une conquête de chaque instant, tellement exigeante que les forces peuvent venir à manquer.

Critique de la thèse

L'essentiel de notre critique consiste à montrer que les tenants de la thèse de Ruse, y compris Ruse lui-même, n'ont pas analysé leur propre proposition avec tout le soin nécessaire. C'est pourquoi leur conclusion est excessive, c'est-à-dire qu'elle ne dérive pas directement de l'hypothèse, laquelle peut s'énoncer ainsi : les êtres vivants sont le siège d'un grand nombre de mécanismes physiques et chimiques qui interviennent dans toutes les manifestations de la vie.

Qui dit « mécanisme » dit « déterminisme ». Nous avons vu dans le chapitre précédent que le déterminisme est une conséquence de lois plus fondamentales, quantiques, et qu'il n'est jamais absolu. Il comporte toujours une inévitable marge d'indétermination. Certains auteurs, tel Roger Penrose, pensent que des effets quantiques pourraient jouer un rôle important dans la conscience, ce qui remettrait fortement en question la thèse de Ruse. Nous ne suivrons cependant pas cette voie car nous pensons au contraire, preuve à l'appui, que la mécanique quantique n'a rien à voir avec le problème en discussion.

On connaît déjà un grand nombre de mécanismes qui interviennent dans l'expression de la vie, la plupart d'entre eux sont d'une extraordinaire subtilité. Quelques-uns ont été analysés avec soin jusqu'à en obtenir une théorie mathématique, par exemple la transmission du signal nerveux ou la combinaison des molécules (nucléotides) dans le gène. Notons cependant que cette mathématisation reste limitée à quelques cas. Cela ne présente pas d'inconvénient pour la discipline elle-même, qui tire sa substance beaucoup plus de l'expérience que des méthodes formelles ; c'est en revanche un obstacle majeur pour qui voudrait établir la thèse de Ruse avec un peu de rigueur.

Voici pourquoi. Le déterminisme ne devient explicite que lorsqu'il peut relier une donnée initiale (la composition d'un milieu, la configuration d'une molécule, l'état d'une synapse…) à la donnée finale qui en résulte. On sait le faire pour les mécanismes biologiques suffisamment bien connus, de manière très convaincante. La description ainsi obtenue est d'ordinaire intuitive, non formalisée, ce qui ne lui enlève rien, tout au contraire. Cependant, cela suffit pour se convaincre que presque tous ces mécanismes sont non linéaires.

Que faut-il entendre par là ? La linéarité et son contraire, la non-linéarité, sont des notions mathématiques. Nous avons déjà dit qu'une équation est dite « linéaire » quand la somme de deux de ses solutions est toujours une autre solution. Un mécanisme est linéaire quand, en ajoutant des données initiales, on peut prédire ce que sera la donnée finale en additionnant leurs résultats respectifs. L'écoulement du sang dans les vaisseaux capillaires, par exemple, est un phénomène linéaire, mais c'est exceptionnel. La très grande majorité des phénomènes biologiques sont au contraire non linéaires.

Les mathématiciens étudient maintenant les problèmes non linéaires avec une véritable passion, parce qu'ils réservent sans cesse de grandes surprises et que les ordinateurs actuels permettent de les explorer avec profit. Tout indique en revanche que le sujet est encore à peine défriché. On pourrait citer comme exemples de tels phénomènes le chaos, les séismes, la turbulence des torrents et des vents, les changements de phase lorsque l'eau devient glace ou l'inverse, les tornades et les cyclones, la théorie des catastrophes de René Thom. La conclusion en serait que personne, aujourd'hui, n'est en mesure de prédire ce qui peut résulter de l'action conjuguée d'un très grand nombre de mécanismes distincts.

Les mathématiciens ne se sont mis à l'étude de cette question que récemment. Pendant des siècles, ils ont étudié les systèmes décrits par quelques variables. Au XXe siècle, ils ont découvert des résultats remarquables en analysant des systèmes à une infinité de variables, et la mécanique quantique en a profité tout comme elle en a suscité. Ils se penchent à présent sur les problèmes à « beaucoup de variables », tels les systèmes vivants, et ils constatent qu'il y a encore énormément à faire. Il peut sembler paradoxal que « beaucoup » puisse être plus riche que l'« infini », mais c'est une question de méthode : les méthodes mathématiques sont comme des outils, une hache ne remplace pas un tournevis, elle tranche dans un problème, quand un autre problème demande qu'on le démonte.

Dans les cas que l'on connaît, la différence est telle entre le point de départ et l'arrivée que ceux qui ont quelque expérience se gardent bien d'avancer une quelconque affirmation générale. Cela signifie, en l'occurrence, que l'on est si loin de comprendre le fonctionnement de la conscience que l'assertion de son déterminisme — et qui plus est d'un déterminisme total — paraît pour le moins prématurée, et plus que douteuse.

Qu'il soit bien clair que nous ne prétendons pas que le problème de la conscience soit insoluble, mais nous avons été témoins de tant de surprises en physique et de tant de renversements conceptuels, que nous crions gare. La biologie est sans doute plus subtile que la physique, et elle est dans la phase adolescente des découvertes exaltantes. La réponse pourrait être beaucoup plus surprenante que ce que les biologistes imaginent à la hâte.

Pour établir la thèse de Ruse, il faudrait démontrer que les explications mécanistes englobent le langage intérieur (le langage !), celui de Marius lorsqu'il décide de quitter Fanny ou de revenir vers elle, celui d'Einstein lorsqu'il se demande s'il faut voir ou non dans la mécanique quantique une science complète. Car la thèse de Ruse dépasse la question du libre arbitre : elle mécanise toute la pensée !

Un cas comparable

Le chapitre qui précède faisait état d'un problème qui n'est pas sans rapport avec celui que nous discutons maintenant. On a vu qu'entre le début des années 1930 et la fin des années 1990, les physiciens étaient confrontés à un problème essentiel et difficile : celui que nous décrivions en termes de « transmutation des lois », c'est-à-dire de compatibilité entre la liberté quantique et le déterminisme classique. Il fallut longtemps aux physiciens pour résoudre ce problème, alors qu'ils disposaient dès le début de toutes les données nécessaires. Or la biologie est à l'heure actuelle face à deux problèmes de magnitude au moins comparable : la nature de la conscience et la reconnaissance des formes. À grands problèmes, grandes réponses, il est probable que la résolution de ces deux-là ouvrira de vastes perspectives et une nouvelle compréhension de l'homme.

On peut comparer plus en détail les deux types de problèmes en physique et en biologie, et même comparer les spéculations respectives. Quand von Neumann, profondément frustré par son incapacité à comprendre la transmutation des lois, envisagea que la conscience d'un observateur puisse intervenir pour résoudre son problème de physique, il proposa explicitement cette idée comme une hypothèse et se garda bien de prétendre en faire une vérité scientifique. Que d'autres se soient emparés de l'idée et que des adeptes de la télépathie, de la télékinésie et autres télés en aient fait leurs choux gras, c'est une autre affaire. Or les problèmes de la conscience et de la reconnaissance des formes ne sont pas frustrants, ils sont seulement difficiles et passionnants ; en outre, on ne possède probablement pas encore toutes les données nécessaires pour les résoudre. Dans le meilleur des cas, le problème de la liberté n'apparaîtra, éventuellement, qu'après qu'on aura compris ces deux autres problèmes, de sorte que le poser dès à présent comme une question scientifique est un contresens méthodologique.

Contresens, certes, mais aussi usurpation de la science quand on prétend posséder la réponse et pouvoir affirmer tout bonnement que la liberté est biologiquement impossible. On peut y réagir de deux manières. La première — celle que nous venons de suivre — consiste à souligner l'état méthodologique réel de la question. Ajoutons que l'exemple de la transmutation des lois (*via* la décohérence) a montré qu'une opposition assez semblable à celle qui nous occupe à présent a reçu une réponse subtile et inattendue. Il s'agissait d'une opposition apparente entre la liberté quantique et le déterminisme classique. Il s'agit maintenant d'une opposition (apparente ?) entre les mécanismes biologiques et le libre arbitre. La sagesse serait donc d'attendre et de ne pas tenter d'affirmer au-delà de ce que l'on sait.

Quand les nazis ont cru que l'inégalité des races était un fait scientifique, ils ont appliqué cette « loi de la nature » avec toute la cruauté glacée dont la nature est capable, et bien au-delà. Ce fut la « solution finale du problème juif ». Or les conséquences potentielles d'une réduction totale de l'homme à ses mécanismes neuronaux sont peut-être plus graves encore. Imaginons un instant que l'idée de l'absence absolue de liberté, avec pour corollaire immédiat l'inexistence de toute responsabilité, quitte les cercles feutrés des colloques intellectuels pour être prêchée en ces termes : « La science démontre qu'il n'y a ni liberté ni responsabilité. » L'assassin pourrait prétendre alors qu'il ne pouvait faire autrement que tuer et le tyran que massacrer. Peut-être n'y eut-il jamais pire blasphème contre l'éthique et contre toute valeur de la raison. Pour éviter que de nouveaux crimes soient commis au nom d'une pseudo-science, il faut se pénétrer de la formule si juste de Rabelais contre les sophistes : « Science sans conscience n'est que ruine de l'âme. »

DEUXIÈME PARTIE

SCIENCE, PHILOSOPHIE ET RELIGION

Chapitre 1

ENTRE SCIENCE ET PHILOSOPHIE

La transcendance et la cohérence des lois de la nature, leur éloignement extraordinaire de l'intuition, leurs caractères foncièrement extra-humains et l'immensité de l'Univers, tout cela pose sans aucun doute des questions d'ordre philosophique. Notre premier soin, dans ce chapitre, sera donc d'interroger la philosophie sur ces points, et seulement sur eux.

Nous ne sommes en aucune manière des connaisseurs en la matière, mais nos questions nous serviront de guides. Nous essaierons d'éviter le langage des philosophes, parfois peu transparent, en n'oubliant pas que ce livre s'adresse aussi à des jeunes gens qui l'ignorent. Notre philosophie s'avouera donc franchement marquée de vulgarisation, tout comme la science qu'on trouve ailleurs dans ces pages.

La modernité, jusqu'à la philosophie des Lumières

On s'accorde assez largement à reconnaître en Galilée (1564-1642) l'initiateur de la modernité. Ce n'était pas à proprement parler un philosophe, mais toutes les questions qui allaient donner naissance à la science étaient restées jusqu'alors au sein de la philosophie, et il les en sortit. Une philosophie nouvelle devenait alors nécessaire et l'honneur en revint à Descartes (1596-1650). Avec lui ou contre lui, toute la philosophie des Lumières allait procéder de lui : heureux temps où la philosophie et la science marchaient ensemble, et quel temps de fête qu'on aimerait revivre !

Un tournant majeur porte la marque de Newton (1642-1727), avec la découverte des premières lois universelles. Nous sommes très loin maintenant des questions qu'elles suscitèrent et leur interprétation mécaniste ne peut plus nous satisfaire. La signification des lois, leur cohérence au travers de laquelle l'ossature mathématique prend de plus en plus d'importance, leur éloignement de l'intuition immédiate et l'immensité prodigieuse de l'Univers soulèvent des questions de nature métaphysique. Certains lecteurs sont probablement peu avertis de ce qu'est la métaphysique et ils ne se doutent guère qu'elle les concerne ; il sera donc bon d'introduire le sujet. Or il se trouve que c'est précisément à l'époque des Lumières que ce genre philosophique a connu des développements importants et qu'il a été expulsé de la science. Nous examinerons donc la question par continuité, en partant de Descartes.

Voyons d'abord ce que signifie le nom de « métaphysique ». La bibliothèque d'Alexandrie, la plus riche de l'Antiquité, eut parmi ses directeurs illustres l'astronome et philosophe Ératosthène. Il fit établir un catalogue des volumes — ou plutôt des rouleaux — de ses collections, et la question se posa de classer les œuvres d'Aristote. Celles-ci occupaient un bon nombre de rayons et leur classement n'allait pas de soi. Certaines portaient déjà un titre, ou celui-ci s'imposait comme dans le cas des traités consacrés à la physique (c'est-à-dire à la *physis*, la nature). On rangea à côté des leçons de physique plusieurs traités divers, auxquels on donna le nom de « métaphysique » (c'est-à-dire à côté de la *physis*) dans les catalogues. Le nom resta, car des érudits lui donnèrent aussitôt le sens de « ce qui vient après la physique », c'est-à-dire les pensées d'ordre plus ou moins élevé qui n'acquièrent de sens qu'après la connaissance de la nature. C'est un sens qui nous convient parfaitement et que nous adopterons ici.

Une partie importante de la métaphysique d'Aristote avait trait à l'ontologie, ce qui signifie la « science de l'Être » ou le « discours sur l'Être ». De quoi s'agit-il ? Nous n'en savons rien quant à nous et soupçonnons fortement qu'il s'agit d'une hypostase, c'est-à-dire un mot pris pour la réalité. Ainsi le mot « être ». C'est un verbe, un verbe magnifique dont il est impossible de se passer, mais c'est aussi un simple auxiliaire. Qu'on en fasse un nom, disant « l'Être » avec componction, et on se retrouve philosophe. Ajoutant le « non-Être » pour la bonne mesure, et on entre en ontologie.

Le premier à parler de l'Être avec art (et en vers) fut Parménide, qui vivait à la charnière des VIe et Ve siècles avant notre ère. L'Être, selon lui, est une entité unique, continue, indivisible et immuable. Il est éternel, c'est-à-dire non créé et totalement exempt de destruction. Il est parfaitement achevé, et Parménide en conclut que sa forme est nécessairement celle d'une sphère parfaite ! Comme il s'oppose au non-Être, il ne peut avoir recours au mouvement (puisqu'un déplacement l'amènerait là où il n'était pas auparavant, c'est-à-dire là où se trouvait le non-Être), non plus qu'à aucune évolution[1].

Plus de vingt siècles après, Descartes croyait encore à la possibilité d'une connaissance totale et s'efforçait de la construire. Tout était régi selon lui par des mécanismes, y compris les êtres vivants, et non pas par des lois comme on les entend aujourd'hui. Sa méthode consistait à décomposer toute question complexe ou profonde en d'autres plus simples, puis celles-ci à leur tour en d'autres plus simples encore jusqu'à celles dont la réponse devenait évidente. Après quoi on pouvait procéder à rebours à une reconstruction synthétique. Hostile en principe à tout *a priori*, à toute autorité, il ne voulait admettre que ce qui lui apparaissait à lui, en son âme et conscience ou à la lumière de sa raison, hors de doute.

Mais l'évidence doit avoir une explication, que Descartes trouve dans les idées innées, toujours présentes dès le premier instant chez celui qui pense. D'où viennent-elles, et qui nous assure qu'elles sont vraies ? Ce ne peut être qu'un Dieu, dont l'existence nécessaire résulte donc de celle de la pensée vraie. Ainsi Descartes joignait-il en un tout cohérent la raison, mère de la science, et l'existence de Dieu.

Il faut aussi citer Leibniz (1646-1716) qui inventa le calcul différentiel et intégral, indépendamment de Newton. Sa méthode logique était aussi très riche et on en trouve encore des traces aujourd'hui en mathématiques, en linguistique et en informatique. Son Univers était constitué d'une

---

1. Nous empruntons ce résumé à Jacqueline de Romilly, *La Grèce antique*.

infinité de « monades ». Le radical *mono* (unique) dit clairement que chacune de ces monades est un tout refermé sur soi, avec quelque réminiscence de l'idée d'atome, quoique de nature non matérielle. Les monades constituent une hiérarchie et sont des créations ou des « émanations » de Dieu, lui-même qualifié de « monade des monades ». Elles n'ont pas d'interactions mutuelles, elles s'accordent par une « harmonie préétablie » qui fait de ce monde « le meilleur des mondes possibles ». Cette harmonie tient à ce que chacune d'elles est un miroir fidèle de l'Univers entier.

Cette métaphysique peut surprendre à une époque où la connaissance venait de s'enraciner dans l'expérience, mais une réaction se dessine déjà au siècle des Lumières, c'est-à-dire au XVIIIe siècle. La métaphysique de Descartes avait suscité deux attitudes contraires. Beaucoup de bons esprits y avaient adhéré tandis que d'autres, plus nombreux encore, préféraient s'en tenir à la tradition chrétienne. Les constructions subtiles de Leibniz provoquèrent une réaction plus vive. Non seulement vit-on Voltaire faire des gorges chaudes du « meilleur des mondes » dans son *Candide*, mais on commença à s'interroger sur le fond. On posa la question : la métaphysique, qu'elle soit traditionnelle ou nouvelle, religieuse ou philosophique, est-elle un exercice crédible, ou n'est-elle qu'un miroir aux alouettes ? Hume et Kant allaient s'emparer du problème.

Hume

David Hume (1711-1776) fut quelque temps secrétaire d'ambassade du roi d'Angleterre à Paris et il y a quelque chose du diplomate dans la finesse qu'il met à déceler les pièges des mots. Sa philosophie décapante reste encore aujourd'hui une référence incontournable. Rien n'est plus facile que de la résumer : toute pensée se ramène aux faits. C'est encore la philosophie dominante chez beaucoup de scientifiques, leur « philosophie spontanée », qu'ils se souviennent ou non de sa provenance.

Pour Hume, tout ce que nous savons est directement issu de l'expérience. C'est en premier lieu celle de nos sens : « Toute pensée, même la plus vive, reste toujours inférieure à la sensation la plus terne. » Les expériences raffinées que l'on fait en laboratoire ne font que mettre au jour de nouveaux faits. Rien de plus.

Hume met en doute le premier l'idée de causalité. L'erreur de la philosophie spéculative, selon lui, fut de vouloir établir entre les faits des relations de cause à effet. Ce ne sont que des illusions comme le montre l'exemple de deux boules de billard qui s'entrechoquent, en demandant quel effet cette cause (c'est-à-dire une boule lancée contre l'autre) doit-elle entraîner. Les deux boules vont-elles s'arrêter ? L'une d'elles va-t-elle sauter hors du billard ? Quelles trajectoires vont-elles suivre ? Il affirme que la raison ne peut rien en dire, l'expérience est seule à pouvoir répondre. Quand on aura longtemps joué au billard en conservant la mémoire des faits, on parlera certes de cause et d'effet, mais de quoi s'agit-il sinon d'une manière abstraite de distinguer le fait qui a lieu le premier de celui qui vient ensuite ?

Ainsi, l'habitude serait le grand principe de la pensée. C'est parce que nous avons toujours vu un événement se passer de la même façon que notre pensée veut y voir une nécessité. Elle appelle « principe », ou « loi », une habitude invétérée qu'elle ne saurait contester.

En ramenant n'importe quelle loi scientifique à une simple habitude, c'est-à-dire une longue collection de faits,

Hume soulève deux problèmes qui méritent d'être notés. Le premier est celui de l'induction, c'est-à-dire des limites des lois. En quoi, par exemple, le fait que tous les hommes ont toujours vu les objets inertes tomber à terre signifie-t-il qu'un autre objet tombera, lui aussi, lors d'une expérience future ? La réponse de Hume était qu'on ne peut rien prévoir. On peut seulement *croire* que tout se passera comme auparavant.

Le second problème, qui n'était pas mûr à son époque, est devenu flagrant pour la nôtre : comment des lois, qui ne sont que des résumés de faits antérieurs, peuvent-elles permettre de prévoir le résultat d'expériences nouvelles, sur des objets nouveaux, dans des circonstances qui n'avaient encore jamais été rencontrées ? On a toujours constaté, par exemple, que la lumière se propage en ligne droite. Tous les faits connus le montraient jusqu'en 1920 et c'était donc une loi qui résumait les habitudes antérieures. Que va-t-il se passer alors si un rayon lumineux issu d'une étoile passe au voisinage du Soleil au moment d'une éclipse ? Hume aurait dit sans doute : « N'importe quoi peut arriver ; il faut voir […]. » Mais Einstein *prédisait* au contraire que le rayon lumineux allait être dévié d'un angle calculable. On ne peut pas tout ramener aux faits, les lois ont quelque chose de plus. Ce quelque chose est-il métaphysique ?

« La pensée semble jouir d'une liberté sans limites […], mais elle est en réalité confinée dans des bornes étroites. Tout le pouvoir créatif de l'esprit ne se montre à rien de plus qu'à la faculté de composer, transposer, augmenter ou diminuer les matériaux que les sens et l'expérience leur apportent. » Cette conception de la pensée et de la raison exprimée par Hume ouvrait deux voies fécondes.

Elle apportait d'abord pour la première fois une explication de la raison, autrement que par un don de Dieu. La régularité des faits et l'habitude qui s'ensuit suffisaient, selon

Hume et son prédécesseur John Locke, à expliquer l'origine du langage et de la raison par imitation de la réalité. Les connaissances acquises depuis sur l'ancienneté de la vie et l'âge de la lignée humaine ne font que renforcer cette théorie en lui offrant tout le temps nécessaire. On considère souvent à présent, en prolongeant ces thèses, que les espèces vivantes exploitent spontanément les régularités des faits qui se répètent dans leur environnement.

Pour le physicien Murray Gell-Mann, par exemple, tout être vivant est un IGUS (*information gathering and utilizing unit*), une unité capable de rassembler l'information provenant de l'environnement et de l'utiliser pour survivre. Tout comportement, animal, végétal ou microbien, serait ainsi la forme inconsciente d'une habitude programmée lors du jeu de l'évolution.

L'interprétation de la raison par la seule habitude pourrait sembler s'arrêter là si un nouveau problème n'était apparu dans la science du XXe siècle. Nous avons aperçu la relativité générale dans le palais des lois, avec son espace-temps courbe. Peut-on dire qu'elle n'a été conçue par Einstein qu'à partir de la seule expérience ? Certainement pas. L'idée est née d'une pure question de cohérence logique entre, d'une part, la gravitation et, d'autre part, l'espace et le temps tels qu'ils se conjuguent en relativité restreinte quand un observateur se déplace. Mais on s'attendrait, si l'on en croyait Hume, à ce que le concept d'espace-temps courbe ait été produit par la combinaison, la transposition, l'augmentation ou la restriction de concepts antérieurs directement issus de l'ordinaire habitude des faits.

Si c'était le cas, la pensée qui opère ces manipulations aurait incomparablement plus de pouvoirs que ceux que Hume lui assignait : un pouvoir d'anticipation de la vérité en particulier. Et cela ne se limite pas à l'espace-temps.

Presque toutes les lois fondamentales que nous connaissons ont passé par un stade de création, de construction mentale, avant de prendre une forme que l'expérience pouvait mettre à l'épreuve et vérifier, ou rejeter. Cela signifie que les capacités de la raison — ou les exigences de la cohérence — dépassent de beaucoup les limites que Hume leur assignait, et c'est tout le problème de la signification des lois.

Son empirisme radical a conduit Hume à une critique dévastatrice de la métaphysique. Ainsi, la notion de miracle lui semble-t-elle irrationnelle, puisqu'elle impliquerait une rupture avec les habitudes ancrées dans les faits. Selon sa définition de la raison, les miracles devraient être courants pour que la raison les admette, et cela est contradictoire. La vérité de tous les miracles décrits dans la Bible constituerait selon lui un miracle plus étonnant qu'aucun d'eux, et cela vaut évidemment des prophéties.

Son verdict est sans appel : « Si nous avons en main un volume de théologie ou de métaphysique, quel qu'il soit, posons la question, contient-il un raisonnement abstrait concernant la quantité ou le nombre ? Non. Contient-il un raisonnement d'ordre expérimental qui concerne les faits et l'existence ? Non. Alors jetons-le au feu, car il ne peut recéler qu'illusion et sophismes. »

Kant et la question de la raison

Immanuel Kant (1724-1804) naquit, enseigna, pensa et mourut à Königsberg, en Prusse-Orientale, au bord de la Baltique dont il ne dépassa jamais les alentours (bien qu'il fût bon géographe). Après une méditation solitaire de plus de douze ans, il publia la *Critique de la raison pure* en

1781. Il fit de notables contributions à la science et sa théorie de l'origine du système solaire, parallèle à celle de Laplace, demeure encore valable aujourd'hui sur des points importants.

Kant s'oppose d'entrée à Hume et refuse de rejeter comme gratuites et vides les questions relatives au sens des choses ou de la vie humaine. Il est sensible à l'urgence qui nous les impose. Mais voilà : « Notre raison a ce destin singulier qu'en matière de savoir, elle est toujours troublée par des questions impossibles à ignorer — parce qu'elles naissent de la nature même de la raison — et qui ne peuvent pourtant pas recevoir de réponses, parce qu'elles vont bien au-delà des limites de la raison humaine. » Kant va donc s'assigner une tâche grandiose, celle de définir une fois pour toutes ce que la raison peut s'arroger le droit de dire.

Il ne spécule pas sur l'origine de la raison et l'accepte comme une donnée, la seule dont on puisse être sûr selon lui. Il s'interroge surtout sur ce qu'elle peut connaître du monde extérieur, car la perception par les sens s'interpose entre les choses et la raison (nous dirions maintenant la conscience). Il est le premier penseur à poser cette question de la perception et si ce qu'il en dit pouvait paraître obscur à son époque, les résultats récents des sciences du cerveau permettent de mieux le comprendre à présent.

Il suffit de prendre pour exemple la perception par la vue. La lumière émise par un objet traverse la pupille de l'œil avant d'être concentrée sur la rétine par la lentille du cristallin. Cette rétine est un tissu de cellules différenciées dont on peut dire, sans entrer dans les détails, qu'on y trouve des pigments qui sont de véritables détecteurs physiques de la lumière, ainsi que des cellules nerveuses (neurones). Ces neurones sont interconnectés à distance, mais de manière préférentielle et non pas tous avec tous. Ils sont organisés en réseaux distincts dont chacun assure une fonction. Certains groupes de neurones détectent préférentiellement les lignes horizontales, d'autres les lignes verticales, d'autres encore le mouvement, la couleur ; en fait, on ignore encore comment s'opère vraiment la reconnaissance des formes de l'objet, mais on constate que chaque réseau envoie son propre signal au cerveau à travers les fibres (axones) du nerf optique. Certaines régions du cerveau procèdent ensuite à l'analyse de tous les signaux et d'autres parties en font une synthèse, laquelle est transmise à d'autres régions encore, chargées de la cognition, c'est-à-dire de la connaissance du monde extérieur.

Cette description très grossière montre néanmoins le sens profond du problème de Kant. Il y a d'un côté l'objet extérieur, le monde ; il y a de l'autre côté la raison, la conscience, localisée dans le cerveau. La communication entre ces deux extrêmes est assurée par une multitude de signaux électriques qui traversent le nerf optique et qui n'ont eux-mêmes plus rien d'une image. Incomparablement plus raffinés qu'un signal de télévision, ils décomposent l'image physique reçue par la rétine en des composantes dont la conscience — ou la raison — n'a pas même soupçon : voici des lignes horizontales, d'autres verticales, du mouvement, de la couleur, et sans doute de subtiles corrélations où le cerveau saura reconnaître des formes qui existent en dehors de la conscience.

Si l'on essaie de suivre la pensée abstraite de Kant en l'illustrant, on peut imaginer une chambre bien éclairée : c'est la raison. Elle n'est pas vide, mais au contraire très meublée et bien organisée. Tout doit y être rangé sur des rayons bien cloisonnés et cependant communicants. En dehors, il y a une boîte noire : c'est le monde extérieur qui contient les choses, des choses qui nous sont inaccessibles et donc chacune peut être appelée une « chose en soi ». La boîte noire ne se manifeste à la chambre claire que par des signaux, sous la forme de perceptions. Hume aurait appelé cela des faits, mais Kant prend en compte le fait qu'il ne s'agit que de signaux reçus par la conscience et il les appelle des « phénomènes ».

Ainsi, selon Kant, la pensée est pour autant dire enfermée dans la chambre « raison » dont rien ne lui permet de sortir. Au-dehors, il n'y a que la boîte noire. Comment l'ouvrir ? La raison n'a d'accès qu'aux phénomènes, qui ne sont eux-mêmes que des apparences, et vouloir les traquer jusque dans la boîte noire serait prétendre atteindre l'inaccessible. Ce serait faire de la métaphysique illicite.

Ainsi, la raison classe les phénomènes dans ses rayons, et ceux-ci sont en marbre, définitifs, inamovibles, parfaits. C'est dans ce caractère absolu de la raison que réside l'hypothèse essentielle de Kant. Il n'envisage pas en effet qu'il existe des lois de la nature (puisque la nature est la boîte noire). Il souligne au contraire le travail de classement de la raison quand celle-ci distribue les apparences sur ses rayons. Il y a par exemple dans sa chambre claire un rayon « espace » et un rayon « temps ». Ces rayons se trouvent dans l'antichambre « sensibilité », notons-le bien, et non dans la boîte noire de la nature (ou du moins nul ne peut le dire). On s'interdit de dire qu'ils aient une existence propre, extérieure, naturelle. L'espace et le temps sont seulement des structures *a priori* qui font partie de l'architecture de la maison « raison ». On ne peut rien affirmer de plus à leur égard sinon qu'il existe d'autres structures inamovibles, les « catégories de la raison ».

Que dire ensuite de ces structures ? Il est clair qu'en ce qui concerne l'espace et le temps, il a fallu chambouler les rayonnages de la chambre claire pour y faire entrer les observations actuelles sur l'espace-temps et les phénomènes relativistes. La raison apparaît ainsi elle-même comme un phénomène, une forme adaptable qui évolue avec les connaissances et non une structure définitive.

Comme le physicien Wolfgang Pauli l'a montré, le monde des atomes et sa mécanique quantique sont définitivement incompatibles avec la théorie kantienne des catégories. On a vu par exemple au chapitre 6 de la première partie que la causalité ne peut être exacte, parfaite, et que la raison a dû se résoudre là encore à s'assouplir. En plagiant Kant lui-même, on pourrait exprimer certains résultats de la science actuelle en disant que la causalité est une apparence : une excellente apparence, d'ordinaire très crédible, mais en aucune manière fondamentale.

Une base plus solide pour la philosophie semble donc devoir être la science, acquise par des hommes travaillant tous à la même tâche. Ce n'est pas une base à tout jamais définitive ; elle évolue, elle s'avoue incomplète sous bien des aspects, mais elle s'accorde avant tout à la réalité, à l'admirable et insondable boîte noire kantienne, grâce à la sanction permanente de l'expérience. Elle constate l'existence des lois et leurs étonnants caractères dont la raison n'est pas juge, mais spectatrice. En dépassant les phénomènes par la découverte objective des lois, la raison se retrouve en position de pouvoir à nouveau poser la question métaphysique.

Nietzsche

Parmi les philosophes des deux derniers siècles, il fut le seul à percevoir la mutation moderne et à tenter d'en saisir les enjeux. Il n'en plaçait cependant pas l'origine à l'époque de

Galilée, mais plusieurs siècles avant notre ère avec Socrate introduisant la rationalité. Quant à qualifier la mutation de « décadence » comme il le fait, l'affirmation reste ambiguë au regard de ce qu'il annonce ailleurs du surhomme à venir, pour ne rien dire de l'éternel retour qui ôte toute signification aux notions de décadence et de progrès.

Comparé à Hegel ou Heidegger, Nietzsche a la vertu d'un style limpide, et même superbe. Certains philosophes actuels l'apprécient surtout quand il conteste l'existence de la vérité. Il dit ne voir partout en effet, que ce soit dans la philosophie, l'histoire, ou l'art, que des « interprétations » de la réalité et non la réalité elle-même. « J'ai peu à peu découvert que toute grande philosophie jusqu'à ce jour a été la confession de son auteur. [...] Je ne crois donc pas à l'existence d'un instinct de connaissance qui serait le père de la philosophie. [...] Tout instinct cherche à dominer et *en tant que tel* cherche à philosopher[1]... »

Ainsi, ce maître du soupçon s'attaque directement à la question de la vérité et entre donc par irruption dans le champ de nos problèmes. Serait-ce à dire que la critique de Nietzsche à l'encontre de toute prétention à la vérité s'étend jusqu'à la science ? Lui-même répond aussitôt par la négative dans la suite du même fragment : « Il est vrai que, chez les savants, il peut en aller autrement. Il peut y avoir chez eux quelque chose comme un instinct de la connaissance. [...] Chez le philosophe, au contraire, rien n'est impersonnel. »

Il n'a donc jamais mis en doute l'existence de la vérité en matière de science. Il se considérait lui-même comme un esprit scientifique. Il ne fait aucun doute que sa dérision redoutable se serait abattue sur les malheureux qui contes-

---

1. Friedrich Nietzsche, *Au-delà du bien et du mal*, 6.

tent à présent à la science son accès à la vérité et les classerait sans recours parmi ces « philosophes qui confessent par toute leur œuvre la morale à laquelle ils veulent aboutir ».

Il est vrai que Nietzsche ne se prive pas de contester vertement des opinions scientifiques qui n'ont pas l'heur de lui plaire. Ainsi l'atomisme dans *Au-delà du bien et du mal* : « La théorie atomique de la matière est au nombre des choses les mieux réfutées qui soient, et peut-être n'y a-t-il plus en Europe un seul savant assez ignare pour lui attribuer la moindre importance[1]. » Ceci fut écrit, notons-le, un quart de siècle avant la mise en évidence de l'existence des atomes par Jean Perrin...

Il n'était pas darwinien à proprement parler et faisait même une critique acide du darwinisme. Dans la « lutte pour la vie », il rejette l'idée que la volonté de vivre soit véritablement un moteur universel, en attribuant ce rôle au contraire à une « volonté de puissance » qui revient chez lui comme un leitmotiv. Quelle que soit la valeur de cette différence, qu'on la tienne comme lui pour essentielle ou pour une simple nuance, que l'on imagine la sélection des espèces comme une lutte ou comme un jeu de hasard, il n'est pas moins certain que Nietzsche apporte un exemple frappant de l'ascendant de la science sur presque tous les penseurs, y compris les plus indépendants.

Corrélativement, Nietzsche se présente volontiers comme le fossoyeur de la tradition métaphysique et sa formule fameuse, « Dieu est mort ! », résonne à toutes les oreilles. Il fut pourtant le dernier grand métaphysicien. S'il attribuait une immense importance à son idée du surhomme, il plaçait encore plus haut une idée absolument

---

1. *Ibid.*, 12.

métaphysique, celle du « retour éternel du même ». « Alors, dit-il, Zarathoustra révéla, ivre de la joie du surhomme, le *secret* de l'éternel retour[1]. » « Moi, le dernier disciple du philosophe Dionysos — Moi, celui qui enseigne l'éternel retour[2]. » Il se désigne ainsi clairement comme celui qui enseigne l'éternel retour comme son plus haut message, au-dessus même de celui du surhomme.

Cette doctrine de l'éternel retour postule que l'éternité existe dans ce monde-ci et que tout ce qui s'y produit reviendra plus tard sous forme identique, une infinité de fois. Nietzsche voyait dans cette idée « la *plus scientifique* de toutes les hypothèses possibles[3] » (c'est lui qui souligne). Elle présente en effet des recoupements intéressants avec la science et, chose plus remarquable, non pas avec la science alors établie, mais comme anticipant des considérations scientifiques qui ne viendront que plus tard.

Ainsi, lorsqu'il prend l'hypothèse de l'éternité du cosmos au sérieux en tant qu'« hypothèse scientifique », Nietzsche est en avance sur son temps, même si c'est de manière confuse. L'étude de l'histoire de l'Univers dans le cadre des lois de la nature ne commencera en effet qu'à l'approche de 1930 avec les modèles d'Univers suscités par la relativité générale.

L'idée de l'éternel retour présente aussi une analogie remarquable avec un théorème mathématique d'Henri Poincaré. Walter Kaufmann, dans un livre sur Nietzsche, note que celui-ci disait avoir rencontré l'idée de l'éternel retour « chez des penseurs antérieurs ». Or Nietzsche admirait Heine et possédait ses livres. Kaufmann a retrouvé un

---

1. *Ainsi parlait Zarathoustra*, chapitre XIV.
2. *Le Crépuscule des idoles*, chapitre X.
3. *La Volonté de puissance*, 55.

texte du poète que Nietzsche connaissait probablement et qui vaut que nous le citions, tout en l'abrégeant[1] :

« Car le temps est infini, mais les choses qui sont dans le temps, les objets concrets sont finis. Ils peuvent assurément se disperser dans les particules les plus fines : les atomes. Mais le nombre des atomes est fini et le nombre de leurs configurations l'est aussi. Ainsi, quel que soit le temps nécessaire, les lois éternelles qui gouvernent le mouvement des atomes feront que toutes les configurations des atomes qui constituent les êtres et les choses se reproduiront. Ainsi arrivera-t-il qu'un homme en tout pareil à moi naîtra, et aussi une femme identique à toi, et cet homme et cette femme se diront ce que nous nous disons maintenant[2]. »

Or un célèbre « théorème de récurrence » dû à Henri Poincaré énonce qu'un système mécanique fermé, obéissant aux lois newtoniennes d'une dynamique sans frottement doit repasser une infinité de fois par le même état, à condition qu'il dispose d'un temps infini. La similitude avec le texte de Heine et les idées de Nietzsche est frappante[3].

Les contretemps de la science

Parce que nous pensons que les lois quantiques constituent le socle des lois de la nature, force nous est de constater que l'histoire des vies parallèles de la science et de

---

[1]. Walter Kaufmann, *Nietzsche*, Cleveland et New York, Meridian Books, World Publishing Company, 1966, p. 275.
[2]. *Letzte Gedichte und Gedanken von H. Heine*, Hambourg, Strodtmann, 1869. Kaufmann (*op. cit.*, p. 393) signale la présence de ce livre dans la bibliothèque de Nietzsche.
[3]. Le théorème de Poincaré ne s'applique cependant pas à l'Univers (ni à la matière) à cause des lois quantiques qui ne satisfont pas à ses hypothèses.

la philosophie au XXᵉ siècle fut une suite de rendez-vous manqués.

On a vu apparaître en effet dans ce siècle quelques philosophes majeurs, parmi lesquels Russell, Husserl ou Wittgenstein qui ont, respectivement, contribué au renouvellement de la logique, cherché à élucider le sens de la connaissance scientifique dans le cadre plus général du sens de la vie, ou rejeté toute métaphysique au nom de la science expérimentale. Malheureusement, du vivant de ces grands penseurs, la science quantique était encore l'objet des interrogations et des problèmes décrits au chapitre 6 de la première partie. On se demandait si la science quantique était objective, si elle était là pour durer, ce qui rendait très difficile d'en prendre la véritable mesure philosophique. Ainsi, l'accélération de la mutation moderne et la brièveté de la vie humaine ont pris à contre-pied quelques-uns des meilleurs philosophes : ils manquent cruellement aujourd'hui.

Heidegger

Certains considèrent Heidegger (1889-1976) comme le plus grand philosophe du XXᵉ siècle. Sa réputation et le respect dont ses disciples entourent sa pensée nous obligent à chercher dans son œuvre si l'on y trouve réponse à nos questions.

Nous ne pouvons parvenir au centre de sa philosophie car il est avant tout un philosophe de l'être et nous avons dit pourquoi cette notion nous échappe. Il dit lui-même d'ailleurs (dans la traduction de Jean Baufret) que « l'être se retire en ce qu'il se déclôt dans l'étant », ce qui signifie en particulier que l'être se refuse à qui veut l'atteindre par l'expérience. Mais les lois de la nature, par leur caractère extra-humain, ont peut-être une relation à l'être au sens de Heidegger et il faut le lire pour s'en assurer.

Une difficulté inattendue (qui n'est peut-être qu'un aspect de la précédente) se présente avec la logique, ou plutôt la dialectique de Heidegger. Quand on le lit, on a souvent en effet l'expérience suivante : un argument se déroule de manière normale quand, tout à coup, un ou plusieurs vers de Hölderlin ou d'un autre poète viennent s'y insérer. La poésie, ainsi introduite, est obscure mais belle, et le lecteur s'y arrête pour le plaisir. Mais lorsqu'il reprend la lecture de l'argument, il semble que le fil en soit rompu ; un retour en arrière révèle alors que l'intervention du poème n'était pas seulement l'occasion d'un moment de beauté ou d'un approfondissement, mais un élément du raisonnement. Le vers qui s'est glissé inopinément est devenu une sorte d'axiome supplémentaire et l'on se trouve de toute évidence fort loin de la logique chère à des scientifiques.

Cela oblige à se rabattre sur ce que Heidegger dit explicitement de la science. Là, les choses sont clairement exprimées : la science n'est pour lui qu'un avatar de la métaphysique, laquelle ne se serait constituée elle-même qu'en obscurcissant de manière irréversible la question de l'Être, la seule qui vaille la peine d'être posée.

Nous avons rencontré des assertions étranges lors de notre visite de quelques-unes de ses œuvres et de leurs commentaires. Quand il écrit par exemple de la pensée occidentale que « son dernier triomphe, où elle commence à prendre toute son extension, consiste en ceci que cette pensée a forcé la nature à libérer l'énergie atomique[1] ».

---

1. Martin Heidegger, *Principes de la pensée* (1958), reproduit dans le *Cahier de l'Herne* « Heidegger », Paris, L'Herne, 1983, p. 105.

S'agit-il d'humour ? Lorsqu'il ajoute : « La puissance de la (vraie) pensée dépasse infiniment, c'est-à-dire par essence, tout quantum possible d'énergie atomique », est-ce une métaphore ou une rodomontade ? Une de ses questions, « comment l'époque de la technique peut-elle finir ? », nous avait paru proche de nos interrogations sur la mutation moderne. Mais nous avons seulement appris que « la pire fin serait que l'on devienne insensible à la détresse que la présence de la technique procure à la pensée de l'Être[1] ».

Si la science détourne ainsi de la philosophie, on comprend que la philosophie, ainsi entendue, soit d'un bien piètre secours pour penser la science, c'est-à-dire en particulier la mutation que celle-ci ne cesse de précipiter. Mais nous ne désespérons pas qu'un jour, lasse de ressasser sa propre histoire, la philosophie entreprenne à nouveau de comprendre le monde et c'est bien pour la stimuler à le faire que nous avons écrit ce chapitre.

En manière de conclusion

Ce chapitre constitue-t-il une critique de la philosophie ? Ce serait lui donner trop d'importance alors qu'on peut voir clairement, çà et là, qu'il se voudrait plus souriant qu'inquisiteur et, venant d'amateurs avoués, plus banal que savant (les critiques que les philosophes s'adressent entre eux sont autrement acérées).

Nous n'avons jamais considéré qu'une question unique, un atome d'interrogation en regard de tous les trésors que

---

[1]. Article de Michel Haar, *Cahier de l'Herne*, *loc. cit.*, p. 331-358, commentant les termes mêmes de Heidegger.

la philosophie recèle. En fait, réduit à son squelette, ce chapitre n'a fait que constater ceci : la mutation est là. Ce qui en recèle probablement la clef se trouve dans l'existence des lois et dans l'interprétation de leur caractère. La philosophie peut-elle apporter quelque lumière en l'occurrence ? Nous n'avons rien trouvé qui réponde vraiment à nos désirs. Mais la question reste posée, non pas comme un défi lancé aux philosophes mais comme une requête instante présentée à leur réflexion.

Chapitre 2

LE SENS DE TOUT CELA

Quel est le sens de cet Univers démesuré où nous semblons n'être rien, de ces lois qui assaillent la raison humaine, de tout cela qui nous domine de son altière et suprême étrangeté ? Y a-t-il seulement un sens ? C'est la question, *la* question, que nous abordons maintenant avec une certaine crainte. Crainte, évidemment, que nos esprits ne soient pas à sa mesure, crainte qu'elle soit sans réponse ou que les temps ne soient pas mûrs pour la comprendre, crainte, enfin, de mal parler d'espoir et de sagesse.

La philosophie ne nous apporte guère d'aide en ce domaine, on vient de le voir. Et la science ? Steven Weinberg, un grand physicien contemporain, nous dit après avoir décrit les incontestables merveilles de l'Univers que, pour autant qu'il sache, cet Univers lui semble denué de sens, *pointless* : il ne rime à rien. Quel aveu ! D'autres (et lui-même) s'exaltent de la splendeur des lois et de leur magnifique unité, à la joie de les découvrir. Mais ont-elles un sens pour nous, les humains, pour ceux qui souffrent de désespérance et de vide intérieur ? Les chantres de l'abstrait n'en disent rien.

En fait, la question est insoluble si l'on attend une explication de l'Univers et des lois qui en donneraient la signification. Cette signification serait en effet, si elle était avérée, une vérité au-delà de celles de la science et de l'expérience : une vérité métaphysique. Mais une telle vérité est inaccessible à la raison, Kant reste sur ce point incontestable, puisqu'elle n'est pas scientifique et qu'elle échappe à l'expérience.

Nous sommes profondément conscients de la beauté des lois et de la joie qu'elles donnent à qui les approche ; nous sommes non moins sensibles au désir irrépressible de trouver un sens au monde. Bertrand Jordan, un biologiste de qualité, a trouvé les mots pour exprimer ce désir ou ce besoin, cette quête, dans *Le Chant d'amour du concombre de mer*.

« Le fait inouï, et pourtant avéré, c'est que cet édifice (*de la vie*[1]) a été construit par le jeu de mutations aléatoires. Malgré l'abondance des preuves dont nous disposons, il reste parfois difficile de croire que des systèmes aussi imbriqués résultent d'un processus gouverné par le hasard. Le hasard [...] et la nécessité (*des lois*). [...] J'ai peine à croire pour de bon que la mécanique parfaite de mon corps, ces yeux embrassant le paysage du matin calme, ces oreilles qu'emplit le bruit des vagues, ce cerveau même qui réfléchit [...] soient issus d'un jeu de mutations sans but prédéfini, résultent d'innombrables coups de dés successifs intervenus tout au long d'une évolution qui se perd dans la nuit de millions, de milliards d'années. Je le sais intellectuellement, les preuves sont là, aussi solides que possible, je les ai moi-même rencontrées dans mon travail de chercheur. [...] Les raisons mêmes de mon incrédulité peuvent être analysées, et pourtant quelque chose en moi répugne à admettre cette

---

1. Les italiques sont des présents auteurs.

construction par le hasard : il me semble qu'elle retire au monde toute signification profonde et, au passage, qu'elle nie ma propre existence. »

Nous ne pouvons que rejoindre Jordan. Intellectuellement, nous savons que la question de la signification est sans réponse, ou du moins que la réponse est au-delà de l'horizon du savoir actuel. Pourtant, quels mots sont venus sous notre plume et celle de Jordan ? Souffrance, vide intérieur, beauté, joie, désir, répugnance, peine à croire... Tous sont de l'ordre du sentiment ; un sentiment qui lutte avec l'intellect. On pourrait dire que la question n'est pas de trouver la signification intellectuelle de l'Univers et des lois, mais d'intégrer cette connaissance à la conscience, une conscience plus vaste que la pure connaissance et qui englobe les sentiments, y compris le sentiment de soi. C'est en moi, par moi, pour moi, que je veux faire de la connaissance une partie vivante de moi, et non plus l'étrangère absolue.

Un grand neurobiologiste, Antonio Damasio, va nous aider à donner corps à cette idée encore vague, à la lumière de résultats récents concernant le cerveau et la conscience[1]. Voici ce qu'il dit : « L'idée la plus surprenante (*issue des recherches sur ces sujets*) est peut-être le fait que la conscience prend naissance dans un sentiment. [...] L'idée que la conscience serait un sentiment de connaissance s'accorde avec les résultats que nous avons pu obtenir sur les structures cérébrales qui lui sont les plus étroitement associées. [...] L'enracinement de la conscience dans le sentir nous permet d'expliquer le sentiment de soi. [...] Placer l'origine de la conscience dans le sentiment nous conduit à nous interroger sur la

---

1. Antonio R. Damasio, *Le Sentiment même de soi. Corps, émotions, conscience,* Paris, Odile Jacob, 1999. Les citations sont extraites en majorité du chapitre 11.

nature intime du sentir. De quoi les sentiments sont-ils faits ? (*Notons que l'auteur a exposé précédemment le support biologique, humoral des émotions, lesquelles sont plus primaires que les sentiments.*) De quoi les sentiments sont-ils la perception ? Jusqu'où pouvons-nous les explorer ? Il n'est pas encore possible à l'heure actuelle de répondre pleinement à toutes ces questions. [...] La conscience humaine pourrait bien exiger la présence de sentiments. »

La dernière phrase apparaît à l'occasion d'une brève discussion de ce qui distingue la connaissance enregistrable dans une machine (un ordinateur) et cette même connaissance dans la conscience humaine. On pourrait concevoir des machines qui feraient des expériences, recourraient à une intelligence artificielle et parviendraient à accroître la connaissance de l'Univers et des lois, mais « la conscience humaine pourrait bien exiger la présence de sentiments ». Ne serait-ce pas la clef de notre question ?

L'Univers, les lois, suscitent évidemment des sentiments puissants chez les chercheurs au cours de leur travail. Ils y trouvent du plaisir, certes, bien qu'André Lichnerowicz ait noté avec justesse : « La recherche ? Elle apporte de grands moments de joie, mais c'est toujours après des mois ou des années de frustration. » Cependant il ne s'agit pas des sentiments des chercheurs, il s'agit de ceux de l'homme au sens générique. Quel est le sens le plus vaste, en tant que sentiment générateur d'une conscience, qui correspond à ce qu'il y a de plus haut dans la connaissance, les lois subtiles de l'Univers ? Notre réponse, celle que nous ressentons profondément est la suivante : ce sens est celui du sacré.

Le sacré ! « Ne s'agit-il pas de religion ? » direz-vous. Si, c'est bien de cela qu'il s'agit, mais aussi de bien davantage. Est-il besoin de croire en Dieu pour ressentir une présence du sacré en écoutant certaines pièces de Bach ou de Mozart ? N'y a-t-il pas du sacré dans la nature de l'homme, aux yeux de beaucoup d'athées ? Bertrand Russell, agnostique déclaré et lucide s'il en fut, rapporta ses expériences pour ainsi dire « mystiques » du surgissement du sacré. Le fait n'est d'ailleurs pas rare. De quoi s'agit-il ? Tournons-nous pour la réponse vers Mircea Eliade, réputé bon juge en la matière :

« L'expérience du sacré [...] implique les notions d'*être*[1], de *signification* et de *vérité*. [...] Il est difficile d'imaginer comment l'esprit humain pourrait fonctionner sans la conviction qu'il y a quelque chose d'irréductiblement *réel* dans le monde ; et il est impossible d'imaginer comment la conscience pourrait apparaître sans conférer une *signification* aux impulsions et aux expériences de l'homme. La conscience d'un monde réel et significatif est intimement liée à la découverte du sacré. Par l'expérience du sacré, l'esprit humain a saisi la différence entre ce qui se révèle comme étant réel, puissant, riche et significatif, et ce qui est dépourvu de ces qualités, c'est-à-dire le flux chaotique et dangereux des choses, leurs apparitions et disparitions fortuites et vides de sens. En somme, le "sacré" est un élément dans la structure de la conscience, et non un stade dans l'histoire de cette conscience[2]. »

Fais-moi un Univers

Quel sens l'homme peut-il s'attribuer dans l'immense Univers ? Nous aurons l'occasion de dire plus loin la crainte et la méfiance qu'il peut ressentir, mais il porte quelque

---

1. Les italiques sont d'Eliade.
2. Mircea Eliade, *Histoire des croyances et des idées religieuses* (préface).

chose d'admirable en lui : la conscience. Il ne s'agit pas à proprement parler de son cerveau, dont Paul Valéry pouvait dire : « Monsieur, vous êtes un sot, mais votre cerveau est une chose admirable », mais de sa faculté de connaître et de sentir à la fois. Quel sens peut-il se donner à lui-même ? Nous avons là-dessus une idée, elle nous vient de notre ami le démiurge, à qui nous laissons la parole.

La première commande que son employeur lui fit, jadis, oh ! il y a si longtemps, l'avait assez pris de court : « Propose-moi un Univers. » Si l'on en croit le Livre de la Genèse, là première idée du démiurge (que le Livre se garde de citer) aurait été de commencer par le ciel et la terre, et de continuer par la lumière, les eaux, la végétation, les étoiles, tous les êtres vivants autres que l'homme, et enfin Adam et Ève. Mais tout cela aurait dû être fait pièce après pièce, de sorte qu'il chercha s'il n'existait pas une méthode plus rapide.

C'est une autre tradition, grecque celle-là, qui nous fait part de cette autre méthode à commencer par l'idée d'être. « Voyons, se serait-il dit, il n'y a rien pour l'instant et je désigne ce rien par zéro. S'il doit y avoir quelque chose, je désigne ce quelque chose par 1. » Les commentateurs ultérieurs, de Parménide et Platon à Hegel et Heidegger parlent d'être et de non-Être au lieu de 1 et 0, mais on voit bien que c'est la même idée. C'est alors que le démiurge se découvrit mathématicien. Il eut tôt fait en effet de tirer de 0 et 1 toutes les mathématiques, grâce à un zeste de logique et d'infini, ce qui ne lui posait aucun problème.

Mais cela ne faisait pas un monde dont il aurait pu proposer le plan, c'est-à-dire les lois, à son patron. Il fit de nombreux essais, mais il n'était jamais satisfait de son travail. Ses projets d'Univers étaient tous ennuyeux, monotones et pratiquement sans histoire. Jusqu'au jour où la démiurge que nous connaissons bien lui suggéra : « Ne faudrait-il pas que l'Univers puisse connaître, et donc puisse se connaître lui-même en tant que totalité ? Ou qu'au minimum quelque chose de lui puisse le connaître un jour ? » C'était un peu compliqué, mais il vit tout de suite qu'on pouvait tirer quelque chose de l'idée.

Les archives du palais des lois, où nous puisons nos informations, sont immenses et la plus grande partie en reste interdite au public. C'est pourquoi des lacunes peuvent demeurer dans notre récit, mais nous y avons trouvé ceci. Le démiurge se dit qu'il fallait que quelque chose se passe dans l'Univers. Il appela « temps » ce qui passe. Ç'aurait pu être l'éternité, mais il aurait alors fallu mettre de l'infini dans la création et, d'une certaine manière, que la création fût recommencée sans cesse.

Il fallait donc que le temps ait un commencement. Les archives citent saint Augustin comme le premier homme qui ait dit que le temps n'existait pas avant la création du monde. Le démiurge se dit qu'il fallait une scène pour le Grand Jeu, une scène qu'il appela l'espace. Mais comment faire pour que la scène ne précédât pas le commencement du temps ? Il fallait évidemment que l'espace et le temps fussent si étroitement associés que l'un ne puisse pas exister sans l'autre et qu'ils forment un tout : l'espace-temps.

« Maintenant il faut des lois qui pétrissent la pâte de l'espace-temps, se dit-il. Elles ne seront pas dans l'espace-temps, mais elles constitueront son moule, sa forme ; je les veux aussi simples que possible, car qui dit simplicité dit pureté. Pour cela, il faut qu'elles soient partout pareilles à elles-mêmes, n'importe où et n'importe quand. » Cette exigence de perfection formelle conduisit le démiurge à inventer des lois qui lui plurent (évidemment celles de la relativité générale). Il vit que cela était bon.

Reprenant alors ses calculs, le démiurge considéra de plus près la question du commencement, lequel doit être évidemment soigné pour que la création soit bien faite. Là encore, par souci d'élégance, il choisit le commencement le plus simple possible[1]. Il constata que les lois qu'il avait concoctées impliquaient une expansion de l'espace au cours du temps, comme si la scène universelle était destinée à s'amplifier sans cesse pour offrir plus de place à des événements grandioses.

L'histoire que nous contons pourrait encore être longue, mais nous l'abrégerons. Il fallait un contenu à l'Univers et le démiurge décida que les lois de ce contenu, de cette matière, devraient reposer sur une liberté absolue. Il aurait fallu pouvoir le suivre dans son extase mathématique pour savoir quelles pensées lui inspirèrent un monde de particules quantiques et des lois qui, pour ce que nous en savons, sont celles auxquelles les physiciens d'aujourd'hui donnent le nom modeste de « modèle standard ». Il fut inspiré sans nul doute par des considérations d'élégance qui nous échappent en partie. Il creusa de ses mains, dans le palais des lois, le puits de la décohérence où les lois se transmutent, obtenant ainsi la cause et l'effet. Il vit que cela était très bon, et le Grand Jeu pouvait dès lors se dérouler.

Le démiurge raffina quelques nombres, pour qu'un jour tous les atomes permis par les lois puissent être produits au cœur des étoiles et, chose plus merveilleuse encore et plus délicate, il fit en sorte que la vie puisse exister. Il est probable que son scénario ait comporté encore des pages dont nous ignorons tout, et sans doute les ignorerons-nous

---

1. Roger Penrose montre, dans *Les Deux Infinis et l'esprit humain* (Paris, Flammarion, 1999), quelle perfection accompagne cette simplicité.

toujours. Quoi qu'il en soit, content de son travail, le démiurge put enfin dire à sa compagne : « Tout est prêt pour que des êtres vivants puissent à terme connaître l'Univers et qu'ainsi l'Univers se connaisse lui-même à travers eux, puisqu'ils lui appartiennent. » Après quoi il soumit son projet au créateur et il semble avoir été bien reçu.

On raconte aussi que l'ange Gabriel au cœur compatissant demanda un jour au démiurge pourquoi l'Univers était si vaste. « Les pauvres créatures pensantes ne risqueront-elles pas de s'y sentir perdues, quand elles en reconnaîtront l'étendue ?

— J'ai voulu, répondit le démiurge, que l'Univers soit assez vaste pour que l'apparition d'un être capable de le connaître soit quasiment certaine.

— Mais l'immensité est effrayante dans cet Univers. Le centre n'y est nulle part, poursuivit l'ange.

— Tu n'as pas compris, Gabriel. Chaque planète où naît la pensée devient le centre où l'Univers se mire et c'est le lieu le plus important parmi les milliards de lieux. Tel est le sens des lois. »

Le démiurge ajouta, avec un sourire un peu triste :

« Et puis, vois-tu, il faut assurer. Il y a tant de dangers pour des êtres supposés pensants quand les passions se déchaînent et la pensée s'égare. Oh oui, que la pensée ne s'élève-t-elle ! »

Et la religion ?

La mutation moderne produite par la découverte scientifique des lois qui ont présidé à la création de l'Univers et qui assurent, depuis, sa permanence dans l'Être, ne peuvent laisser aucun homme indifférent, puisque chacun en est directement affecté. Notre approche de la science se distingue radicalement des autres, qu'il s'agisse du matérialisme, du scientisme, du rationalisme, du positivisme, etc., qui toutes prônaient un mode de pensée supposé supérieur, auquel tous les esprits devaient se rallier. Il nous semble au contraire que, face à un événement majeur, il est absurde de proclamer : « Soyez comme moi. » Nous sommes conscients que ce que nous disons peut heurter beaucoup de gens, aussi bien les rationalistes à cause du caractère sacré que nous attribuons aux lois, que les croyants de toute obédience qui s'en croient les seuls dépositaires.

Cette idée peut-elle être entendue ? Peut-être certains rationalistes n'y seraient-ils pas hostiles et l'accepteraient volontiers. Nous ne leur demandons d'ailleurs pas de fêter chaque jour un grand ancien : saint Socrate, saint Newton ou Darwin le bienheureux, à la manière du père Enfantin, du temps où le positivisme se voulait une Église. La vraie difficulté vient d'ailleurs, tant il est vrai qu'il est plus difficile de convaincre quelqu'un de changer de régime de croyance, elle vient de la religion.

Les composantes de la religion

Pour mettre en perspective la question du sacré, il semble d'abord nécessaire de s'entendre sur le mot « religion ». Le contenu du mot « science » est univoque, il désigne tout ce dont les lois relèvent de l'expérience. L'idée de religion est moins nette, surtout telle qu'elle est et non comme elle voudrait être, c'est-à-dire dans les têtes et non dans les textes sacrés. De plus, alors que les lois de la nature sont universelles, les religions se déchirent entre elles. Nous éviterons bien entendu d'établir un catalogue des religions en faisant l'inventaire de leurs nombreuses différences. Il faudrait d'ailleurs encore distinguer en chacune la doctrine des clergés et la croyance des fidèles, la foi du saint et celle du charbonnier, celle du déiste et celle des superstitions. C'est à cause de cette variété innombrable que la grande majorité des hommes qui peuplent la Terre ont une religion.

Nous n'essaierons pas de définir, après tant d'autres, ce qu'est une religion, nous y discernerons plusieurs composantes : un corps de *doctrines* d'ordre métaphysique, autour duquel se rassemble un *groupe* humain ayant *foi* en elles, s'accordant sur une *morale*, participant à un *rituel* et possédant une certaine *spiritualité*.

C'est là ce qu'un regard extérieur peut percevoir d'une religion, toute autre approche amènerait cependant des distinctions sans fin. Quelques exemples suffiront à montrer cette variété. Les propositions métaphysiques d'ordre religieux peuvent supposer l'existence d'un dieu unique ou d'une hiérarchie de dieux (religions antiques et hindouisme contemporain). Deux entités antagonistes peuvent incarner le Bien et le Mal (Dieu et Satan, Cathares, Zarathoustra). Certaines croyances peuvent être d'une grande complexité métaphysique, comme le dieu unique en trois personnes du christianisme ou de certaines versions de l'hindouisme (Siva, Vishnou, Brahmâ, qui s'unifieraient en Atman). Il peut se faire qu'aucun dieu ne soit supposé ; c'est assez rare, mais on a vu le cas dans le bouddhisme dit du « petit véhicule ».

D'autres postulats métaphysiques ont trait à la condition et à la destinée de l'homme. L'âme (mais il peut s'agir aussi d'un corps régénéré) vivra éternellement dans un paradis ou un enfer (ou plusieurs paradis hiérarchisés et des enfers spécialisés selon la gravité des peines) ; ou bien elle transmigrera d'un corps dans un autre corps humain ou tout autre. Certains éléments de croyance relèvent du mythe lorsqu'ils constituent une histoire, comme celle de la création du monde, les voyages célestes du prophète Mahomet entre autres exemples. Des prophéties, comme les Apocalypses, ou la dictature du prolétariat, ouvrent ces mythes sur l'avenir.

Ce dernier exemple n'a rien d'ironique, il souligne la très grande variété des métaphysiques que l'on peut rencontrer : naïves, dans l'animisme ; logiques, c'est-à-dire aristotéliciennes dans le christianisme et l'islam, hégéliennes dans les idéologies du XXe siècle. Il arrive aussi que les spéculations s'évadent des logiques standard pour réunir les contraires ou unifier le multiple (dogmes trinitaires). Parfois, trop rarement, les théologies se font prudentes, elles reconnaissent que Dieu est si différent de l'homme que les mots humains sont incapables de le décrire comme il conviendrait et ne peuvent l'approcher qu'en disant ce qu'il n'est pas. Cette métaphysique négative ou « apophatique » se retrouve dans plusieurs religions, y compris le christianisme, elle mérite à notre humble avis un respect particulier. On peut aussi dire en revanche que les difficultés de nature logique rencontrées par les religions ont beaucoup contribué à l'affinement de la pensée au cours de l'histoire.

La foi peut être aussi bien la plus extraordinaire qualité humaine que la plus néfaste. On ne peut qu'admirer ce qu'elle fit accomplir à François d'Assise, Gandhi, ou mère Teresa. Quand elle inspire en revanche un Torquemada ou qu'elle arme un terroriste kamikaze, elle pervertit la raison humaine. La foi, cependant, n'est jamais une et entière. L'influence conjuguée de la science et de la philosophie y a introduit des degrés, surtout dans l'Europe chrétienne. Les éléments mythiques des dogmes ont été interprétés de plus en plus fréquemment comme des symboles plutôt que littéralement, ils n'ont conservé une signification que par l'effet de la tradition, mais on se garde d'y croire à la lettre. Dans le catholicisme, à la fin du XIXe siècle, la réaction de Pie IX contre ce « modernisme » eut un effet plutôt contraire à celui qu'il recherchait en promulguant deux nouveaux dogmes : l'immaculée conception de Marie (outre celle de Jésus, explicite dans les Évangiles) et l'infaillibilité pontificale en matière de foi (un dogme très curieux d'un point de vue logique). Des réactions analogues expliquent probablement les divers mouvements fondamentalistes dans les trois religions les plus connues en Europe et autour de la Méditerranée, juive, chrétienne et islamique. Ils sont tout sauf fondamentaux.

Il n'est pas nécessaire de s'étendre sur les multiples formes d'organisation religieuse, des Églises aux sectes, entre lesquelles les frontières sont parfois indécises. Disons seulement, de là où nous sommes — c'est-à-dire du point de vue de la science —, que les sectes initiatiques, celles où l'on distille au fil des années des « vérités sacrées », sont probablement les plus pernicieuses pour la raison. La scientologie laisse pantois quand son Moïse et son Newton sont réunis dans la personne d'un auteur mineur de science-fiction. Dis-moi qui tu suis, je te dirai qui tu es !...

Des rites, nous ne dirons qu'une chose, c'est qu'ils peuvent apporter la paix. La spiritualité est une dimension très profonde de la religion, sous forme de prière ou de méditation et de sentiment du sacré. Le court-circuit prodigieux que la prière prétend établir entre le créateur de l'Univers et le locuteur d'un discours intérieur est inconcevable au premier degré. Elle ne trouve vraiment son sens que comme un retour sur soi. Le sentiment du sacré en est aussi proche que le silence de la parole.

Sens et pensée

Qu'on veuille bien nous entendre. Nous ne prônons pas la religion de manière générale, ni aucune d'elles en particulier, pas plus que le panthéisme ni l'athéisme. Nous attirons seulement le regard sur la mutation et ce qu'elle exige d'éveil, sans exclusive. Nous insistons sur la parole de l'Apollon de Delphes transmise par Socrate, « connais-toi toi-même », ce qui veut dire pour l'homme de notre temps se connaître soi-même au sein de l'Univers et des lois. C'est pourquoi nous avons cru pouvoir souligner que notre rapport à celles-ci ne peut être que sacré.

La puissance de la pensée humaine est prodigieuse. Que certains y voient des révélations ne nous semble pas essentiel, nous respectons ceux qui le pensent. Le sens du sacré a précédé de milliers d'années la connaissance, puisque « c'est par l'expérience du sacré que l'esprit humain a saisi la différence entre ce qui se révèle comme étant réel, puissant, riche et significatif, et ce qui est dépourvu de ces qualités, c'est-à-dire le flux chaotique et dangereux des choses, leurs apparitions et disparitions fortuites et vides de sens ».

Ainsi, qu'il s'agisse d'une révélation, d'une expérience intérieure ou du fruit d'une méditation, nous ne pouvons qu'admirer l'invention du monothéisme par Moïse (dans le premier cas, « invention » signifie « découverte »). Jean Botéro, qui connaît mieux que personne les civilisations de ces temps lointains, a montré avec force et finesse ce que cette nouveauté avait de grandiose[1]. Pour nous, nous admirons en elle pour le moins l'intuition d'un ordre inhérent au

---

1. Jean Botéro, *Naissance de Dieu*, Paris, Gallimard, « Folio-histoire », 1992.

monde, qu'on ne pouvait rendre à l'époque que par le mot « Un », celui qu'on applique aujourd'hui à l'Univers et aux lois. Nous admirons aussi la réponse du dieu de Moïse à la question : « Quel est ton nom ? — Je suis ce qui est. » « Ce qui est » n'a pas de visage ni même de forme ; il interdit qu'on lui en donne. « Je suis la réalité. »

On trouve ailleurs cette profonde intuition du sens ; on ne s'étonnera peut-être pas que les physiciens que nous sommes aillent la chercher dans la *Physique* d'Aristote qui pose d'entrée : « On ne pense jamais connaître une chose que quand on en connaît les causes premières, les principes premiers. » Ainsi tout repose pour lui sur des principes qui donnent unité à la connaissance. Nous ne nous sentons aucunement portés à l'ironie en constatant qu'aucun des principes qu'Aristote s'efforçait alors de découvrir ne conserve plus la moindre valeur actuellement. Nous admirons seulement, sans comprendre, que l'un des plus grands esprits humains ait eu cette intuition des lois, quand il ne pouvait en connaître aucune.

Tout comme une grande vitesse contracte les distances et distend le temps, la mutation actuelle télescope les idées et les étire sur toute l'histoire humaine. Elle nous oblige à penser, à devenir des savants, c'est-à-dire des hommes conscients de l'existence des lois. Il serait absurde que cela nous mène à une pensée unique, c'est-à-dire un sommeil comateux de la pensée. Il faut au contraire tirer parti de tout ce qu'il y a de vivant et de profond dans l'humanité pour l'aimer davantage et travailler à l'aider, y compris en nous-mêmes. Tous prophètes donc, chacun avec sa culture et le respect des autres, c'est-à-dire tous des vigies au hunier des inévitables tempêtes.

POST-SCRIPTUM :
CONTRE LES INTERPRÉTATIONS MYSTIQUES

Nous avons dit dans ce chapitre tout ce qui nous semblait important quant au sens du sacré, mais quelques précisions, néanmoins, ne seront probablement pas inutiles. On pourrait en effet mal nous comprendre et assimiler nos considérations au grand mouvement ambiant de « retour au divin » dont on entend partout l'écho ces temps-ci, ne serait-ce que parce que celui-ci invoque aussi la notion de sacré. Livres et journaux parlent de spiritualités nouvelles, de réenchantement du monde, de techniques de méditation, de charisme ou de mystique. Rien cependant ne serait plus loin de notre pensée que ces nouvelles quêtes de Dieu, quoique le risque de confusion existe si on lit trop rapidement ce qui précède. C'est ce risque qui nous incite à marquer clairement les frontières dans un post-scriptum.

Rappelons encore que notre démarche se veut entièrement rationnelle et enracinée dans la réalité. Comme tout ce qui participe à la science, elle est indissociable d'un émerveillement devant le monde et n'a donc nul besoin de le réenchanter. La plupart des spiritualités actuelles, au lieu de s'ouvrir à la réalité, se confinent aveuglément dans l'étroite cellule d'une boîte crânienne : humaines, trop humaines, pourrait-on dire d'elles en reprenant la formule de Nietzsche. Nous nous en distinguons en tout cas sur deux points essentiels, étroitement liés, qui concernent la source de la vérité et la vanité des vapeurs mystiques.

Dans le meilleur des cas, la vérité spirituelle d'une religion est supposée provenir d'une révélation rapportée dans un livre comme la Bible, le Coran, la Bhagavad-gītā, ou dans des collections de textes tels que les soutras bouddhistes ou les Upanishad hindouistes. Dans les pires cas, cette vérité est promulguée par un gourou et se retrouve chaudement cultivée à l'intérieur d'une secte.

Il nous a semblé que la façon la plus claire et la plus honnête de marquer nos différences consistait à nous appuyer sur un texte respectable en indiquant l'endroit à partir duquel nous nous en séparions radicalement. Mais lequel ? Un texte contemporain aurait l'inconvénient de privilégier telle ou telle tendance particulière. Nous nous sommes donc tournés vers un classique, l'*Introduction à la vie dévote* de saint François de Sales, dont chacun pourra constater au passage l'étonnante modernité, bien qu'il fût écrit en 1608[1]. C'est un des premiers ouvrages affirmant que la spiritualité n'est pas réservée au clergé et aux moines, mais qu'elle est « convenable à toutes sortes de vocations et professions ». Le terme « vie dévote » serait aujourd'hui probablement remplacé par « vie spirituelle » ou « mystique ». En tout cas, c'est bien ainsi qu'il faut entendre cet adjectif quelque peu désuet.

N'ayant nous-mêmes ni inclination pour ni objection à la méditation quelle qu'en soit la posture, à genoux ou jambes croisées, nous n'en discuterons pas le principe et reprendrons simplement ce qu'en dit François de Sales. Il en donne les règles. Cette méditation commence par une « préparation » qui consiste à prendre conscience de la présence de Dieu. Nous n'avons évidemment rien à redire à cela, sauf à noter les ambivalences métaphysiques du mot « Dieu » et préférer l'évidence du sacré.

Suit alors une invocation, qui repose évidemment sur la possible personnalisation de ce Dieu. De cela aussi nous

---

[1]. À l'inverse, on pourra préférer constater l'étonnant conservatisme de la mystique moderne.

avons parlé à propos de la prière, cet extraordinaire raccourci qui identifie le créateur — lui-même posé par principe au-dessus de l'Univers — à un dispensateur de grâces qui daigne écouter sa créature. Les hindous l'expriment par une formule lapidaire, « tu es cela », et nous acceptons quant à nous d'être un milliardième d'humanité et un presque rien de l'Univers, mais un presque rien de même nature que le tout. L'objection ne se situe donc pas encore là.

Là où le bât blesse, c'est au moment où la méditation selon François de Sales commence vraiment, et s'assigne la contemplation d'un « mystère ». Ce mystère peut être l'un quelconque des dogmes de la religion (catholique en l'occurrence) : l'incarnation de Dieu dans un homme, la résurrection de ce dieu-homme, la virginité de sa mère, la Trinité divine ou le Jugement dernier. Ailleurs, ce serait le voyage céleste de Mahomet ou l'incarnation de Vishnou dans la personne de Krishna, ou encore le don du *Livre de Mormon* à Joseph Smith. Il s'agit à chaque fois de se concentrer sur un mystère irrécusable qu'il faut seulement mieux comprendre pour s'en pénétrer davantage et jamais, surtout jamais, remettre en question. C'est à ce point que le sens du sacré, tel que nous l'entendons, s'oppose absolument à la mystique dans la mesure où se confrontent, d'une part, une vérité issue de la science qui doit être découverte, vérifiée, tout en restant toujours ouverte, et d'autre part une vérité verrouillée pour l'éternité par un tabou.

On passera sur les directions spirituelles de François de Sales à propos des considérations qu'on peut faire sur le mystère choisi, leur application à la vie du méditant et les résolutions qui s'ensuivent. L'examen de conscience a toujours été un exercice raisonnable, tant qu'il ne tourne pas à l'excès. Cela n'a rien à voir en tout cas avec les méthodes de la « méditation transcendantale » et leur répétition hypnotique d'un mot (d'un *mantra*) que l'on serine jusqu'à abolir tout le reste. Les neurobiologistes ont sans doute raison d'étudier ce genre de comportement (à l'aide de caméras à positrons qui suivent la circulation sanguine dans le cerveau), car ce genre de pratique ressortit davantage à la physiologie qu'à la pensée, la mystique devenant en fin de compte une simple performance spirituelle.

Et pourtant, François de Sales nous fascine et nous inquiète davantage que les gourous en quête de publicité. Il nous fascine, car cet homme profondément respectable fait preuve d'une grande lucidité. Il représente lui-même un bel équilibre entre la raison et le sens du sacré, comme beaucoup d'autres qui lui ressemblent aujourd'hui. Mais il nous inquiète par la signification qu'il donne à la vérité et ce qui en résulte : l'importance exclusive des vérités révélées, des mystères, et l'invitation à des pratiques qui les impriment sans relâche en soi-même. Une telle méthode peut conduire en effet à tous les fanatismes — quand son cadre théologique est aberrant —, et c'est alors que le mysticisme se révèle le pire ennemi de la pensée.

Chapitre 3

UN RÊVE INSPIRÉ

Nathanaël s'étonnait de la tournure que prenaient nos conversations. À nous entendre discuter des religions et de leurs vertus respectives, de l'intérêt de croire à l'enfer plutôt qu'à la réincarnation, ou de l'importance des langues mortes dans les religions vivantes, son intérêt s'éveillait peu à peu, lui qui n'avait jamais entendu parler de tout cela. Un monde des Mille et Une Nuits s'ouvrait devant lui, rempli de miracles et baigné par des paroles magnifiques. Il voulut s'instruire, lut la Bible en bande dessinée et des extraits du Coran, acheta l'*Imitation de Jésus-Christ* et les œuvres du pseudo-Denys l'Aréopagite en version abrégée, si bien que ce zèle de néophyte commença de nous inquiéter.

Nous avons eu un coup au cœur dans le jardin d'Écoute-s'il-pleut, le jour où il nous a confié, les yeux brillants : « Moi aussi, j'ai eu une révélation, devinez quoi ! » Cette manière juvénile de parler d'illumination ne nous disait rien qui vaille, mais, lorsqu'il ajouta qu'il avait simplement fait un rêve à la suite de ses lectures, nous avons été rassurés autant que par la lueur espiègle dans le regard qu'il posait sur nous. Il devait s'agir d'un beau rêve, sans doute, ce qu'il confirma avant de nous le raconter.

Je rêvais du palais des lois et je le regardais de loin quand j'ai senti la présence d'Écoute. Il ne portait plus sa défroque de guide, mais une toge blanche qui soulignait son maintien. Je me rappelais parfaitement que celui que j'avais devant moi était un grand démiurge, mais je me sentais étrangement à l'aise, plein de respect bien qu'en totale confiance, et il me semblait que notre conversation durait déjà depuis longtemps.

Il me disait : « Tu comprends, Nathanaël, que si l'on emploie le mot "Dieu" pour nommer un certain premier principe, ou un centre irradiant la réalité, il sera de toute évidence plus proche de la nature des lois que de la forme humaine : la Forme par excellence en somme. Cela n'empêche pas que nous en parlions entre nous — nous autres, les anges et les démiurges — comme d'une personne, et qu'il daigne s'y prêter. »

La religion juive

« Je me souviens très bien, poursuivait Écoute, de la première rencontre avec Moïse. Il aimait monter au sommet du mont Horeb pour se trouver plus près du ciel et, un jour, nous avons dressé devant lui le buisson ardent. C'était un bosquet d'arbustes sous une vive lumière qui ne pouvait évoquer que le feu en ces temps reculés[1]. Moïse fut frappé

---

1. Les historiens situent le personnage de Moïse aux alentours de l'an 1200 avant notre ère.

cependant par le fait que les branches sèches ne se consumaient pas et que celles qui portaient quelques feuilles gardaient leur verdeur. Ce feu qui durait sans rien détruire évoquait inévitablement l'idée d'éternité, et tel était bien en effet le sens du message. Moïse fut saisi de stupeur quand une voix s'éleva du centre éblouissant du buisson et l'appela par son nom : "Moïse, je suis le Dieu de tes pères, le Dieu d'Abraham, d'Isaac et de Jacob." Après quoi la voix lui ordonna de retourner vers ses frères hébreux, pour les délivrer de leur condition d'esclave en Égypte. Moïse s'inquiéta : "Au nom de qui leur dirai-je que je viens ?" À cette question, signifiant en somme "Quel est ton nom ?", la voix divine répondit seulement : "Je suis ce qui est." »

Nathanaël nous confia l'impression étrange qu'il ressentit à ce moment du rêve. Il lui semblait que sa pensée s'abreuvait de ce qu'elle entendait et qu'elle y discernait d'innombrables résonances. « Ce qui est », ou encore « Je suis », Yahvé, ne signifiait-il pas le centre de la réalité, ou les lois conjuguées à la création ? En disant à Moïse que « Je suis » est unique, Dieu lui révélait par la même occasion l'existence d'un principe indivisible dans l'Univers.

Écoute, qui semblait lire sa pensée, lui faisait voir aussi, comme en arrière-plan, le moment où Moïse reçut les Tables de la Loi. C'était à nouveau sur le mont Horeb, entouré cette fois par la troupe nombreuse et bigarrée des Hébreux sortis d'Égypte dans des conditions fantastiques. Moïse était monté seul près du sommet, là même où auparavant se trouvait le buisson ardent, et la Loi était gravée sur deux pierres, plates comme des tables. Chose étrange, Nathanaël pouvait clairement les lire, sans être cependant en mesure de dire si les signes qui les couvraient étaient des hiéroglyphes égyptiens ou des lettres cananéennes.

Il lut ainsi les règles de conduite qui guidèrent les hommes sur une vaste part de la Terre pendant des millénaires : tu honoreras ton père et ta mère ; tu ne tueras point ; tu ne commettras pas l'adultère ; tu ne voleras pas ; tu ne seras pas un faux témoin ; tu ne convoiteras pas... Il frémissait en les lisant comme s'il les découvrait. Son regard s'attarda sur les premiers commandements : tu aimeras ton Dieu qui t'a retiré d'Égypte, et de lui, tu ne feras pas d'image. Tu n'abuseras pas de son nom.

Écoute commentait : « Le commandement de ne pas faire d'image de Dieu a été interprété d'abord comme l'interdiction de fabriquer des idoles, comme celle du Veau d'or qui engloutit à elle seule tout le capital emporté d'Égypte par les Hébreux. Il signifiait évidemment que Dieu ne se compare à rien que l'on puisse représenter. Les Hébreux n'ont d'ailleurs pas compris aussitôt qu'il s'agissait d'un Dieu universel, absolument unique, et non d'un Dieu à eux seuls réservé et qui se voulait unique chez eux.

« J'ai pris pour ma part, ajouta Écoute, l'initiative de m'adresser à quelques prophètes, discrètement, mais ils se formaient dans des écoles spécialisées et avaient tendance à se répéter. J'ai fait un autre essai auprès d'un Perse, Zarathoustra[1], qui vivait dans l'est de l'Iran. Je pense que nous nous sommes mal compris car il a prêché par la suite l'existence de deux dieux, l'un dispensant le Bien et l'autre le Mal. Il s'agissait néanmoins de dieux universels et non pas spécifiques, en principe, à un peuple particulier.

« Les Hébreux, de leur côté, se trouvaient pris en tenaille entre plusieurs empires concurrents et leur der-

---

1. On dit aussi Zoroastre. Les dates de sa vie sont incertaines ; on les situe entre 1000 et 600 avant notre ère.

nière capitale, Jérusalem, fut conquise par Nabuchodonosor, roi de Babylone[1]. Toute l'élite des artisans et des intellectuels juifs fut alors déportée aux bords de l'Euphrate, en Mésopotamie[2]. Ce sort cruel eut cependant quelques compensations, dont l'opportunité de se frotter aux autochtones et à d'autres exilés, entre autres des Perses.

« Un prophète, le second à porter le nom d'Isaïe, avança alors deux grandes idées. La première consistait à dépasser le provincialisme de Yahvé, Dieu d'un peuple élu, pour concevoir un dieu à la fois unique et universel (Je suis le premier et le dernier ; moi excepté, il n'y a pas de dieu). La seconde était l'annonce d'un sauveur, un Messie, qui viendrait sur la Terre pour y faire régner à jamais la loi divine.

« Tu n'ignores pas, Nathanaël, que les Juifs revinrent chez eux lorsque Cyrus, roi des Perses, vainquit Babylone et les délivra[3]. Cinq siècles plus tard cependant, la Palestine était à nouveau occupée, cette fois par les Romains. Les Juifs se révoltèrent, par deux fois, et subirent de terribles massacres[4]. Le pays était ravagé, l'oppression écrasante et la plupart des survivants s'enfuirent. Leur vie allait, dès lors, se dérouler dans l'exil pendant près de deux mille ans. Voilà l'histoire, et elle ne raconte que l'horreur ordinaire des mœurs néolithiques. »

---

1. Ceci eut lieu en – 587.
2. Le nom de « Juifs » commence à se substituer à celui d'Hébreux à partir de – 721. Deux États distincts existaient alors sur le sol de la Palestine, Israël (dit encore royaume de Samarie) et le royaume de Juda dont la capitale était Jérusalem. Quand Samarie fut prise par les Assyriens, il ne restait plus que le royaume de Juda dont le nom a donné le mot « Juif » pour désigner ses habitants.
3. En – 539.
4. Ces événements dramatiques eurent lieu en 70 et en 135 de notre ère.

Le christianisme

Nathanaël poursuivit : « Je pensais que mon rêve allait s'achever. Il me semblait voler mollement au-dessus des terres et des temps, à nouveau seul, glissant sur une aile invisible. Je vis ainsi de loin un fleuve dont je me rapprochai, jusqu'à distinguer deux hommes plongés jusqu'à la ceinture près de la rive, entourés d'une foule silencieuse. L'un des deux versait de l'eau d'entre ses mains jointes sur la tête de l'autre. Il me semblait les connaître, bien que peut-être leurs visages fussent imprégnés dans mon esprit par d'innombrables tableaux de musées, mais bientôt je n'eus plus de doute : Jean baptisait Jésus au bord du Jourdain.

« Je sentis alors la présence d'Écoute, revenu près de moi et qui commentait : "Ce Jésus, nous l'appelions le Fils, tant était profond le sentiment filial qu'il éprouvait pour Dieu. C'était le fils d'un charpentier, ouvrier lui-même dans sa jeunesse, dont on ne savait lequel du cœur ou de l'esprit était le plus grand chez lui. Il a proclamé sur la Terre un message d'amour : 'Tu aimeras ton Dieu de toute ta force, et tu aimeras ton prochain autant que toi-même.'

"C'est étrange, poursuivit Écoute, j'ai eu beau voir tant de choses dans l'Univers, ces mots continuent de me poursuivre et je les applique à tout ce qui est, tout, te dis-je. Mais je dois dire à mon grand regret qu'ils furent bien rarement mis en pratique, de fait on n'a jamais vraiment essayé ce christianisme[1]. Peut-être cette parole annonce-t-elle l'issue de la grande mutation, mais je ne saurais le prédire : l'avenir, vois-tu, n'est jamais écrit." »

---

1. On retrouve là, chez Écoute, une pensée exprimée par Théodore Monod.

Nathanaël ajouta qu'il s'apprêtait à interroger davantage Écoute : Était-il vrai que Jésus fût né en dehors des lois de la génétique et pouvait-on croire à sa résurrection ? Que signifiait-elle ? Mais il n'y avait plus personne à côté de lui pour lui répondre.

L'islam[1]

« Mon rêve a continué, reprit Nathanaël, ou peut-être a-t-il repris après un sommeil profond. Quand je me suis réveillé à l'intérieur même de ce sommeil, je planais à nouveau au-dessus d'un désert de grande sécheresse. C'était en Arabie, j'en avais la certitude.

« Il y avait devant moi plusieurs tentes. Des enfants jouaient, des femmes vêtues jusqu'aux yeux travaillaient sans répit à diverses tâches et un groupe d'hommes entourait l'un d'eux qui parlait. Les autres répétaient chaque fois ses paroles à plusieurs reprises, essayant visiblement de les imprégner dans leur mémoire. Je sus qui était l'homme au centre, parce que toute sa personne restait indistincte alors que les traits de ses commensaux étaient clairement perceptibles. Quels étranges tours nous jouent les rêves pour que nos lectures les envahissent et que l'injonction rituelle de ne pas reproduire l'image du prophète, Mahomet ou Mohammed, s'insinue jusque dans mon sommeil.

« Je ne fus évidemment pas surpris de retrouver Écoute auprès de moi. La lumière éclatante du désert semblait lui communiquer une humeur enjouée. Il me dit :

---

1. « Islam » est un mot fréquemment répété dans le Coran, qui signifie « se remettre à Dieu ». Il en est venu à désigner couramment la religion de ce livre.

— Tu sais que Mahomet était orphelin et, comme dans le cas de Jésus, on retrouva ou l'on reconstruisit après coup les circonstances de sa naissance[1]. Je n'étais pas là pour en juger, car le soin de l'instruire au cours de ses nuits d'extase a été laissé à mon éminent collègue, l'archange Gabriel. Comme tous ses pareils, celui-ci a un côté militaire qui lui faisait apprécier les qualités de stratège de Mahomet. Il possédait également un sens aigu de la discipline et il ne manqua jamais de rappeler à son interlocuteur, pendant des années d'entretiens, les bases essentielles du règlement : "Il n'y a pas d'autre dieu que Dieu."

« Les adversaires de Mahomet lui reprochaient de ne pas asseoir sur des miracles la vérité de sa mission. Qu'à cela ne tienne, décida Gabriel et, par une belle nuit, il emporta Mahomet dans un voyage par les airs qui les mena jusqu'à Jérusalem, avant d'atteindre le ciel lui-même. Après avoir conversé avec Moïse, Élie et Jésus, Mahomet eut l'honneur insigne qu'Allah s'adressât à lui de sa propre Bouche pour lui révéler que lui, le Prophète, était son "ami" et qu'il avait été élu de tout temps avant tous les autres prophètes. Il lui confiait donc le Coran, le recueil des paroles divines que l'archange messager avait transmises, ainsi que des secrets d'une nature si profonde qu'il lui était interdit de les révéler.

« Ainsi, poursuivit Nathanaël, j'écoutais tandis que les compagnons du Prophète continuaient à psalmodier les textes du Coran : les sourates. Il me sembla qu'Écoute me confiait quelques bribes de l'enseignement très secret que Mahomet avait reçu d'Allah, mais ce n'était plus à mes

---

[1]. C'est ainsi que Mahomet naquit propre comme un agneau, circoncis, et le cordon ombilical déjà coupé. Sa naissance eut lieu aux environs de 570.

oreilles que le murmure indistinct d'un ruisselet de savoir ésotérique. J'allais m'éveiller sans doute. En effet, je me réveillais, et j'ai mis longtemps à reprendre pied dans la réalité. »

Chapitre 4

SCIENCE ET RELIGIONS

Une religion peut-elle évoluer ? Il suffit d'ouvrir un traité, comme celui d'Eliade[1], pour constater qu'il en fut bien ainsi au cours des âges. La question véritablement pertinente est cependant différente. Elle porte sur une évolution de la pensée religieuse qui l'accorde à ce que la science connaît. En somme, harmoniser ce que l'on croit avec ce que l'on sait.

Science et religion en Europe

La question s'est d'abord posée au christianisme, parce que la science se développait dans des terres chrétiennes. Il y eut des hauts et des bas, des luttes, des rejets de part et d'autre. Il semble que le protestantisme — bien que jamais dans son entier — ait été le premier à évoluer. L'adaptation

---

1. Mircea Eliade, *Histoire des croyances et des idées religieuses, op. cit.*

commença en Allemagne, au début du XIXe siècle, pour conduire à ce qu'on appelle un protestantisme libéral. Celui-ci, convaincu du caractère vital des leçons d'amour du Christ, s'efforçait de dégager l'essentiel de ce message des strates accumulées par l'histoire.

L'Église catholique évolua plus lentement, mais elle a maintenant pris la mesure des révélations de la science. Il suffit pour s'en convaincre de comparer ses positions historiques à cent cinquante ans de distance. Quand, en 1854, le pape Pie IX, farouche adversaire des nouveautés, proclamait le dogme de l'immaculée conception de Marie puis, en 1870, celui de l'infaillibilité pontificale, aujourd'hui, en revanche, Jean-Paul II a révisé les conclusions du procès de Galilée et demandé aux Juifs pardon pour des siècles de persécution. Quant à l'évolution des espèces, y compris l'espèce humaine, elle est maintenant reconnue comme un fait. Le chemin parcouru est donc immense.

Il est vrai que le christianisme a ses fondamentalistes qui s'accrochent farouchement à la lettre ou aux traditions. Leur doctrine est particulièrement simple dans certains courants du protestantisme : tout ce qui est écrit dans la Bible est vrai de manière absolue, sans que le moindre doute soit tolérable. On se demande à vrai dire d'où leur vient cette certitude : où cela est-il écrit dans la Bible ? Saint Paul (dans la deuxième épître à Timothée) disait seulement que toute Écriture est inspirée de Dieu et utile afin d'enseigner, convaincre, redresser et éduquer dans la justice. Saint Pierre (dans sa deuxième épître) affirmait pour sa part que des hommes furent « poussés par le Saint-Esprit à parler de la part de Dieu ». Des théologiens nous ont confirmé qu'il n'est dit nulle part dans la Bible qu'elle était absolument vraie, la Torah ne fait jamais état que d'inspirations, divines certes, mais seulement d'inspirations[1].

Nous ne nous lancerons donc pas dans la critique facile qui déduit des dimensions de la « mer de bronze » (un bassin du temple de Jérusalem destiné aux ablutions rituelles) que le nombre *pi* serait égal à 3 : cela montre seulement qu'il y a dans la Bible des approximations humaines, en accord avec l'époque où les textes ont été écrits[2]. L'inspiration du texte biblique n'a donc rien d'une dictée mot à mot, parce qu'elle est inspiration, elle suppose que l'homme exerce son intelligence pour comprendre et « éduquer dans la justice ».

La religion juive est si proche de la chrétienne sur ce thème que l'on peut être bref. Sa tradition semble n'avoir aucune difficulté sérieuse à ce propos, du moins d'ordre métaphysique. Nous serions peut-être en peine, quant à nous, de citer des pratiquants assidus du judaïsme qui furent aussi des scientifiques de haute volée, mais il en existe sans aucun doute. Les exemples abondent, en revanche, si l'on réduit la croyance au monothéisme et aux dix commandements.

Certains ont voulu faire d'Einstein un fidèle de la religion juive, bien qu'il n'ait jamais lui-même exprimé rien de tel. Ses déclarations offrent au contraire les plus belles références qui soient au sens du sacré comme nous l'entendons. Quelques extraits de son livre *Comment je vois le monde* le

---

1. Rappelons que le recueil des textes religieux traditionnels constitue la Torah dans la religion juive. La Bible est constituée quant à elle de deux recueils, qu'on appelle l'Ancien et le Nouveau Testament (on reconnaît l'étymologie de « texte » dans le mot « testament »). L'Ancien Testament est pratiquement identique à la Torah juive ; le Nouveau rapporte l'histoire de Jésus et des premiers chrétiens.
2. Le bassin avait dix coudées d'un bord à l'autre, une forme entièrement ronde, et une circonférence que mesurait un cordeau de trente coudées. (1 Rois, 7-23.)

montrent, et d'abord celle-ci lorsqu'il parle des « génies religieux de tous les temps » en remarquant qu'ils se sont tous « distingués par leur religiosité face au cosmos ». Ainsi atteint-on selon lui « la religion à son ultime degré, bien que rarement accessible dans sa pureté totale ». Il précise : « J'appelle cela religiosité cosmique et il ne m'est pas facile d'en parler, car il s'agit d'une notion nouvelle et qu'aucun concept d'un Dieu anthropomorphe n'y correspond... Comment cette religiosité pourrait-elle se communiquer d'un homme à un autre, puisqu'elle ne peut aboutir à aucun [autre] concept [aisément compréhensible] de Dieu, à aucune théologie ? Pour moi, le rôle le plus important de l'art et de la science consiste à susciter ce sentiment et le maintenir éveillé chez ceux qui lui sont réceptifs. » Ce sentiment, ajoute-t-il, développe chez eux une règle de vie dominante : le courage nécessaire pour s'affranchir de la servitude des désirs égoïstes. « Indubitablement, ce sentiment se compare à celui qui anima les esprits religieux créateurs dans tous les temps. »

C'est pourquoi, selon lui, la religiosité du savant « consiste à s'étonner, à s'extasier devant l'harmonie des lois de la nature où se dévoile une intelligence tellement supérieure qu'au regard d'elle toutes les pensées humaines avec toute leur ingéniosité ne peuvent que révéler leur néant dérisoire ».

La science et le monde musulman

Le cas de l'islam semble à première vue moins simple que celui du judaïsme et du christianisme, dans la mesure où le Coran résulte en principe d'une dictée divine. Les contraintes conceptuelles qu'il impose sont plutôt lâches en revanche, si l'on en juge par l'admirable renaissance artistique, intellectuelle et scientifique qui suivit l'expansion de la religion musulmane. Du VIIIe au XIe siècle, et beaucoup plus tard en certains endroits, la civilisation de l'islam brillait de mille feux alors que l'Europe était encore habillée « de fer et de bure » et enfermée dans des dogmes étroits. Astronomes, mathématiciens, physiciens, médecins, naturalistes et philosophes arabes, perses ou égyptiens ravivaient les cendres de l'Antiquité grecque pour en attiser la flamme.

Les exemples de ces penseurs de haute volée sont nombreux, nous n'en citerons qu'un, parce qu'il est relativement peu connu et, à nos yeux, admirable. Alhazen, car c'est de lui qu'il s'agit, naquit en 965 à Bassora, à l'embouchure de l'Euphrate dans l'Irak actuel, et il mourut au Caire en 1039. Il écrivit un traité d'optique qui fut traduit en latin au XIIIe siècle et inspira, longtemps après, Kepler et Descartes.

On prétend parfois que les savants arabes n'ont fait que transmettre la science grecque en l'améliorant sur quelques points, mais le cas d'Alhazen est un contre-exemple.

Il inventa en particulier la chambre noire. C'est une caméra dépourvue de système optique, composée simplement d'une boîte noire percée d'un trou. Alhazen se servit de cet appareil rustique pour établir que la lumière se propage en ligne droite. Il réfuta aussi, par l'expérience, une théorie d'Aristote qui avait subsisté pendant treize siècles et que personne n'avait contestée jusqu'alors. Elle supposait que l'œil est la cause de sa propre vision en attirant à lui la lumière issue des objets. Alhazen démontra la fausseté de l'hypothèse en établissant que les objets réfléchissent au contraire la lumière extérieure avant que celle-ci ne vienne frapper l'œil. Les dispositifs très simples qu'il employait pourraient être utilisés pour expliquer aux enfants d'aujourd'hui quelques propriétés fondamentales de la lumière, avec profit et à peu de frais.

Comme d'autres savants de son temps, Alhazen était mathématicien et ses commentaires des textes grecs d'Euclide, d'Archimède et de Ptolémée sont réputés judicieux. Il résolut des équations du 3e et du 4e degré en utilisant des intersections d'ellipses et d'hyperboles. Il s'interrogea aussi sur le cinquième postulat d'Euclide qui devait acquérir par la suite une importance centrale dans l'histoire moderne des mathématiques.

C'était un personnage de roman. On raconte que, fasciné par les crues du Nil, il avait conçu un fabuleux projet de barrage pour les rendre plus régulières et avait réussi à convaincre le calife de lui confier l'entreprise. Il reçut pour cela argent et main-d'œuvre (ce qui en fait le précurseur, des scientifiques modernes, adeptes de projets pharaoniques). Mais Alhazen constata assez vite que son projet était utopique. Peu soucieux de payer son échec de sa vie, il feignit tout simplement la folie et trouva refuge au Caire.

À voir la richesse du mouvement des idées dans le Moyen Âge arabe, on se demande pourquoi la source des génies comme Alhazen s'est tarie, et pourquoi la pensée scientifique s'est étiolée depuis dans le monde musulman. Ajoutons néanmoins qu'il existe toujours de grands savants de cette lignée, nous pensons en particulier à un défunt ami et collègue pakistanais, Abdus Salam. Il fut un des inventeurs du modèle standard des particules et fonda l'Institut international de Trieste, destiné à accueillir et former des scientifiques venus du tiers monde. Il se disait et se voulait musulman, mais ils restent rares les hommes de cette grandeur, plus rares que dans d'autres civilisations, ce qui pose la question de cette raréfaction.

Une réponse brutale a été avancée par Ahmed Zewail, prix Nobel de chimie 1999, qui naquit et fut élevé en Égypte avant de devenir titulaire de la prestigieuse chaire Linus Pauling au California Institute of Technology[1]. Il ne pense pas que des limites assignées par la religion aux spéculations de l'esprit soient responsables du sommeil de la science en monde musulman. Le passé suffirait à prouver le contraire. Il en voit la cause dans une influence croissante, au fil des années, de tendances obscurantistes, hostiles par principe à toute quête scientifique et à toute connaissance de cet ordre : Dieu n'a-t-il pas dicté lui-même et pour toujours ce qu'il suffit de savoir ? Mahathir Mohamad, Premier ministre de Malaisie affirme quant à lui que le véritable obstacle au développement n'est pas l'islam, mais l'entêtement des oulémas politiques qui réduisent toute connaissance au seul contenu du Coran et à son interprétation la plus étroite. En somme, le fondamentalisme boucherait toute perspective d'avenir.

Pour l'esprit de religion...

La question des rapports entre science et religion rencontre un intérêt grandissant en ce début de siècle, comme si nos sociétés percevaient plus ou moins confusément la pression de la mutation.

Le cadre commun où s'inscrivent en regard la science et la religion ne peut être, de notre point de vue, que celui de la mutation. C'est la perspective sous laquelle toutes

---

1. *Le Nouvel Observateur*, « Débats de l'Observateur », 26 juillet 2003.

deux apparaissent comme des messagères de l'extra-humain. La religion l'appelle « Dieu », la science pour sa part se livre aux profondeurs de l'Univers et des lois. C'est à l'occasion de la question du sens que nous les avons vues se rapprocher, s'opposer, se répondre, pour converger sur la présence du sacré que ressent l'homme conscient de son humanité dans un monde qui l'enveloppe et le dépasse jusqu'à l'infini.

Aujourd'hui, nous savons que la science tend vers le vrai mais que le sens lui échappe ; symétriquement, la profondeur de la religion est dans le sens dont elle est porteuse, alors que sa vêture conceptuelle est en loques. D'une certaine manière, presque tout ce qui est métaphysique religieuse redevient terrain vierge, hormis l'essentiel, le feu dans la cendre, le diamant dans la gangue qu'Einstein avait si bien discerné chez les grands créateurs religieux. C'est l'unité du divin chez Moïse et Mahomet — cette intuition magnifique d'une cohérence insondable de la réalité extra-humaine. C'est l'amour prêché par Jésus ou la compassion du Bouddha. Et surtout, ce sont toutes ces vies d'hommes et de femmes auxquelles s'appliquent les mots « saint » ou « juste » et qui montrent le chemin.

... *contre les religions*

Les religions qui garderont leur sens premier, celui de messagères du divin, devront de toute évidence épurer leurs doctrines pour en dégager l'essentiel. Cela ne pourra se faire sans réaction, les fondamentalismes s'y opposeront par tous les moyens. La prolifération des sectes est tout aussi manifeste. Quand la sagesse induit les grandes religions à réduire dans leur offre la part des croyances néolithiques, les petites entreprises de substitution se multiplient, et cela d'autant plus que les imitations sont faciles à produire.

La sagesse ne règne pas toujours, on voit encore les religions se livrer à la concurrence, chacune s'efforçant d'accroître son emprise ou de la maintenir. Cela a quelque chose d'absurde, tant il est clair qu'aucune n'est en possession d'une vérité absolue. Elles n'opposent le plus souvent les unes aux autres que ce qu'elles ont d'irrecevable et ces conflits obscurs montrent combien les humains ont peine à distinguer l'ordre de la pensée de celui du sentiment.

Distinguer, aller à l'essentiel, n'est-ce pas le rôle de la philosophie ? Celle-ci a montré parfois qu'elle pouvait distiller le meilleur de la religion, comme chez les platoniciens ou, plus tard, Thomas d'Aquin, Maïmonide et Averroès : le chrétien, le juif et le musulman. La philosophie européenne, de Descartes à Kant, avait déjà entrepris l'épuration nécessaire des valeurs chrétiennes dans lesquelles elle était née, et elle est toujours seule à porter la part vivante de l'esprit grec.

Jamais elle n'a été plus nécessaire, maintenant que de notre savoir devrait naître un art plus pur de vivre et d'aimer. Aussi faut-il voir plus loin qu'André Malraux et sa fameuse prophétie : « Le XXIe siècle sera religieux », car cela pourrait signifier le meilleur ou le pire. Le meilleur sans aucun doute, ou la grande espérance, serait que ce siècle soit vraiment à nouveau philosophique, c'est-à-dire au sens premier : « ami de la sagesse ».

TROISIÈME PARTIE

POUR UNE ÉDUCATION AU XXIe SIÈCLE

Chapitre 1

SCIENCE ET SOCIÉTÉ

Il manque un pan immense à la description que nous avons faite de la science : celui de la technologie et de la puissance inouïe qu'elle confère. La mutation actuelle présente en fait deux aspects majeurs : un changement de perspective dans la vision du monde et un bouleversement des conditions de vie sur Terre, sans qu'aucun retour en arrière ne soit possible dans un cas comme dans l'autre. Nous n'avons parlé jusqu'ici que du premier aspect, alors que c'est l'autre qui pèse directement sur le destin de l'humanité.

Les problèmes sont immenses. Ils s'entremêlent et se conditionnent les uns les autres. Quand on les situe dans le temps, on voit qu'il n'est pas de mois où des innovations techniques n'apparaissent, en torrent. L'espace, quant à lui, n'a jamais été plus réduit, tant la masse des hommes couvre la Terre. Le rétrécissement qui engendra jadis la mutation néolithique se reproduit plus serré, exacerbant les tensions entre des hommes qui, jamais, ne furent aussi dangereusement voisins.

La science moderne qui naquit en Europe occidentale et entraîna son essor technique lui a donné une avance considérable en l'amenant à s'industrialiser la première. La manière dont elle en usa n'a fait qu'accroître ailleurs de grandes frustrations, une course haletante ayant lieu maintenant à qui prendra l'avantage. Les États-Unis, l'Europe, la Chine, l'Inde, le Japon ou d'autres seront-ils de ceux-là, laissant à l'abandon les perdants de la compétition ? Tout le monde ne gagnera pas une médaille d'or. La fameuse « avance technologique » repose sur une convention fragile : l'interdiction de copier, alors que la science est en principe universelle.

Les matières premières sont très inégalement réparties, en particulier le pétrole ; d'où de nouvelles sources de luttes sourdes et de marchandages. L'abondance pour tous, le rattrapage du niveau de vie des pays les plus riches se heurtent au problème de l'énergie : les réserves sont limitées, certains songent aux réacteurs à neutrons rapides qui permettraient de multiplier par 100 les réserves d'énergie nucléaire qui atteindraient alors mille siècles. D'autres rêvent à l'extraction de l'uranium de l'eau de mer, dont le prix serait encore quinze fois plus élevé que celui des minerais qui assurerait des réserves sans limite, d'autres enfin misent sur la fusion thermonucléaire et un effort international gigantesque, le projet ITER, a été entrepris par tous les pays industriels. Mais cette énergie qui fait briller le Soleil n'est pas encore apprivoisée. Le sera-t-elle un jour ? La recherche peut seule apporter la réponse[1].

---

1. Georges Charpak, Richard L. Garwin, *Feux follets et Champignons nucléaires*, Paris, Odile Jacob, 1997.

Pendant ce temps, la Terre souffre. Les grandes forêts primaires se réduisent comme peau de chagrin[1]. Jamais autant d'espèces vivantes, végétales ou animales, n'ont disparu chaque année, jamais en tout cas depuis soixante-cinq millions d'années quand un aérolithe mit fin au règne des dinosaures. Le réchauffement de la planète laisse craindre à terme la submersion de grandes villes et de plaines fertiles, des changements climatiques, provoqués par exemple par la disparition du Gulf Stream, nous rappelleraient combien l'Europe est proche de l'Arctique.

Et, bien sûr, il y a les armes capables de tout détruire. Et notre aveuglement de pauvres humains, jamais aussi primitivement primates, incapables de voir au-delà de leurs séculaires routines.

Des flots de sang

Dix mille ans de guerres et de massacres, telle est la principale information qu'un espion extra-terrestre rapporterait sur l'espèce humaine, dans toute cette époque néolithique dont on ne parvient pas à sortir. Dans le millénaire qui suivit la naissance de l'islam, de l'Europe à l'Inde, on vit les civilisations sous l'emprise spirituelle, politique et économique des deux grandes religions monothéistes, le christia-

---

[1]. On emploie souvent cette image de la peau de chagrin, aussi rappelons pour ceux qui ignorent son origine qu'un jeune héros d'un roman fantastique de Balzac était entré en possession d'un fragment de peau de chagrin, c'est-à-dire d'un morceau de cuir d'une grande finesse. Tous ses vœux étaient immédiatement exaucés par magie, mais chaque fois, le morceau de cuir diminuait. Son possesseur se vit contraint à renoncer à tout désir, jusqu'à ce qu'un sursaut ultime provoquât sa mort, coïncidant avec la disparition de la dernière parcelle de peau de chagrin.

nisme et l'islam. L'histoire montre alors à l'évidence que les religions n'ont offert aucun obstacle au déchaînement des pires violences, en dépit des principes moraux inscrits dans leurs livres sacrés.

Leur confrontation a parfois conduit à certains progrès et à une première forme de mondialisation, grâce aux échanges économiques, à la transmission de certaines valeurs spirituelles, artistiques ou scientifiques, par le partage aussi de l'apport d'artistes et de penseurs. Mais cela ne masque pas les croisades ni les guerres de religions, entre catholiques et protestants, ou Arabes et Ottomans.

Ainsi, pendant la nuit de la Saint-Barthélemy (23 août 1578), les catholiques mirent à mort trois mille Parisiens protestants. En 1608, au Pré-aux-Merles dans les Balkans, les Ottomans massacrèrent des dizaines de milliers de Serbes, des chrétiens orthodoxes qui en gardaient assez le souvenir impérissable pour le rappeler, en 1996, lorsqu'ils massacrèrent sept mille hommes, femmes et enfants à Srebrenica, sous l'œil des caméras mondiales.

Un chroniqueur franc, Raoul de Caen, contait en ces termes les « exploits » des nobles croisés : « À Maara, les nôtres ont fait bouillir des païens adultes dans des marmites, ils fixaient les enfants sur des broches et les dévoraient grillés. » Les habitants des localités proches de Maara se souviendront jusqu'à la fin de leur vie de ce qu'ils ont vu. Le souvenir de ces atrocités, propagé par les poètes locaux et les traditions orales, a fixé pour des siècles une image des *Franjis* difficile à effacer[1].

La Révolution française de 1789 reste admirée en maints endroits pour l'inspiration qu'elle donnait à ceux qui

---

1. Amin Maalouf, *Les Croisades vues par les Arabes*, Paris, J.-C. Lattès, 1992.

luttaient ou luttent encore pour leur émancipation, leur dignité, leur liberté, leurs droits fondamentaux. Elle a pourtant conduit à d'inutiles tueries fratricides, quoique sans commune mesure avec celles qui accompagnèrent la révolution soviétique de 1917, laquelle fit disparaître des pans entiers de la population comme les paysans qualifiés de riches, réfractaires à la collectivisation forcée, ou les industriels petits et grands, ou encore beaucoup d'intellectuels et de membres du clergé. On dispute encore avec passion du nombre total des victimes, estimé entre 20 et 100 millions.

La Commune de Paris, en 1871, apparaît bien modeste à côté. Cette révolte populaire contre un régime bourgeois, qui avait entraîné la France dans des aventures militaires aussi sanglantes que stupides, se termina en effet par l'exécution de vingt mille Parisiens en une seule semaine. On identifiait les coupables à leurs mains calleuses, preuve assurée de leur appartenance à la classe ouvrière.

On ne peut ignorer non plus les guerres coloniales, qui furent l'occasion de déchaînements cyniques excités par l'intérêt. Leur prétexte hypocrite était d'apporter la civilisation à des populations prétendument arriérées. Et gardons-nous d'oublier l'esclavage à grande échelle où s'illustrèrent des négociants chrétiens aussi bien que musulmans.

La Première Guerre mondiale mérite une mention spéciale car nous en ressentons encore les conséquences près d'un siècle plus tard. Les pays entre lesquels elle éclata étaient presque tous d'obédience chrétienne. Les motifs immédiats en furent incroyablement futiles, mais les dirigeants politiques assuraient que les hostilités ne dureraient pas plus de quelques semaines. Elle se prolongèrent quatre ans, comme on sait, et firent officiellement dix millions de morts, sans compter beaucoup plus de victimes mutilées ou ruinées.

Des chefs militaires qui, tous, affichaient une piété de façade, n'hésitaient pas à lancer des offensives stériles faisant jusqu'à un million de morts en quelques semaines, sans avoir à rendre le moindre compte ni afficher le moindre remords. Les aumôniers qui bénissaient les mourants pratiquaient pourtant les mêmes rites dans les deux camps. Quoi d'étonnant alors que cette guerre ait produit autant de révoltés, non pas le nombre infime de ceux qui fraternisèrent avec l'ennemi en 1917, mais les millions de ceux qui avaient perdu toute confiance en leurs chefs, à képi ou à redingote, et dans la société en général. On les retrouva dans les troupes vengeresses des mouvements révolutionnaires issus de la guerre.

Et il y eut une Seconde Guerre mondiale, suite quasi inévitable de la Première. La défaite finale de Hitler fut une bénédiction pour l'humanité. Il avait mené le combat sur tous les fronts, guerre classique avec conquête de territoires et de sources de richesses, guerre politique pour implanter son idéologie dans les pays vaincus, guerre contre le peuple juif par pure névrose. Mais il paya cher la perte des scientifiques, exilés ou tués, qui réduisit ses capacités de recherche, alors que, peu de temps auparavant, l'Allemagne prédominait dans ce domaine. Ce handicap se révèle décisif — où l'on retrouve le rôle ambivalent de la science, destructeur et rédempteur.

Le sort des Juifs

Au moment où s'opère la grande mutation dont nous voulons faire prendre conscience, une accumulation de richesses sans précédent s'est produite. Le grand historien Fernand Braudel nous a donné une description magistrale de la civilisation matérielle, de l'économie et du capitalisme du XVe au XVIIIe siècle, à l'aube de la révolution industrielle.

Le marché de l'argent, à court et à long terme, fut au cœur de la croissance économique européenne. La lettre de change, inventée par les marchands italiens au XIVe siècle, fut le premier instrument de crédit. Les bailleurs de fonds et les usuriers, aussi bien juifs que lombards, cahorsiens ou, en Bavière par exemple, les couvents spécialisés dans le prêt aux paysans, constituèrent des réseaux financiers. Les Arméniens ont ainsi investi l'espace entier de la Perse, franchissant l'Himalaya et gagnant Lhassa. Ils ont mis en place un réseau commercial et financier qui s'étendit sur des milliers de kilomètres et vint buter sur les frontières de la Chine.

Car les Chinois eux-mêmes ne furent pas en reste. Leur diaspora dans tout le Sud-Est asiatique leur a permis de contrôler tout le commerce de marchandises et d'argent de Java au Vietnam et aux Philippines. Les mêmes causes produisant les mêmes effets, ils s'y sont acquis la même réputation que les Arméniens au Proche-Orient et les Juifs en Europe. Jacques Attali brosse une fresque très documentée des relations des Juifs à l'argent de Moïse à nos jours[1].

Il n'y avait guère plus de 150 000 Juifs dans toute l'Europe de l'an mille. Peu nombreux, ils étaient néanmoins disséminés sur tout le continent, jusqu'en Moscovie. Ils ont donc pu constituer autant de relais indispensables au commerce international. Au demeurant, la plupart des Juifs étaient pauvres, enclos dans leurs ghettos dont ils ne pouvaient sortir qu'à certaines heures du jour. C'étaient de petits artisans et de petits commerçants, des fripiers et des colporteurs. Mais quelle que fût leur pauvreté, il leur fallait de toute

---

1. Voir Jacques Attali, *Les Juifs, le monde et l'argent ; histoire économique du peuple juif*.

nécessité constituer une épargne liquide pour acheter leur droit à la vie. Leur existence leur était sans cesse contestée, il leur fallait payer pour avoir le droit de vivre. Imposés en tant que Juifs par les autorités qui les admettaient sur leur territoire, ils étaient le plus souvent contraints de prêter leur argent aux chrétiens endettés. Le contraste entre leurs pauvres conditions de vie et leurs disponibilités monétaires, indispensables à leur survie, a nourri les mythes antisémites.

La plupart des tensions actuelles résultent de la décolonisation brutale, indifférente aux conséquences, qui fit suite à la colonisation. Nous ne nierons pas que celle-ci fut un des fruits pervers d'une supériorité essentiellement due à l'exploitation malsaine de la science. L'un des foyers les plus menaçants à l'époque actuelle — l'ancienne Palestine, à présent Israël — résulte plus directement des séquelles de la Seconde Guerre mondiale.

Les chiffres d'abord : environ quinze millions de Juifs vivaient sur la planète avant la guerre ; le nazisme en assassina six millions dans les chambres à gaz ou sous les balles. C'est à la suite de cette tentative d'extermination que l'idée d'un État juif s'imposa aux survivants.

Theodor Herzl avait été le prophète de cet État d'Israël. C'était le type même du Juif viennois bien assimilé, avant son séjour à Paris comme journaliste pour couvrir l'affaire Dreyfus qui éclata en 1895. Des hommes épris de justice s'indignèrent de la condamnation à dix ans de bagne d'un homme dont l'innocence ne faisait aucun doute. Émile Zola, qui avait fustigé la décision dans son célèbre libelle *J'accuse* fut condamné à son tour à un an de prison et 3 000 francs or d'amende.

On vit alors des foules excitées descendre dans la rue. Des magasins juifs furent pillés ou saccagés. Des écrivains célèbres, tel Maurice Barrès, hurlaient avec les loups : « Les étrangers n'ont pas le cerveau fait de la même façon que le nôtre. [...] Baissons un peu la voix, restons entre nous, quand nous traitons des affaires communes de notre race » (*La Cocarde,* 23 octobre 1894) ou encore : « En toutes choses la race sémitique nous apparaît comme une race incomplète par sa simplicité même. Elle est, si j'ose dire, à la famille indo-européenne ce que la grisaille est à la peinture, ce que le plein-chant est à la musique moderne » (*Mes Cahiers,* p. 120). Herzl, témoin de ces désordres, perdit sa foi antérieure dans la possibilité d'une assimilation véritable des Juifs dans la société, même dans un pays aussi démocratique et civilisé que la France. C'est alors qu'il décida de lutter pour la création d'un État juif qui accueillerait une grande partie de ce peuple en Palestine.

Avec le temps, le sionisme trouva peu à peu un écho suffisant pour devenir une force politique. Lorsque la Seconde Guerre mondiale prit fin, devant l'horreur du massacre de six millions de Juifs, la plupart des États européens et l'Union soviétique acceptèrent le projet de la création d'un État d'Israël. Certains de ces pays se vidèrent alors presque entièrement des rares Juifs rescapés et devinrent *Judenfrei*, accomplissant ainsi de manière paradoxale le rêve de Hitler. Des millions de Juifs accoururent du monde entier vers Israël, dont un million venant des pays arabes.

Ainsi, contre vents et marées, l'État d'Israël naissait, et il a survécu. Il n'avait rien à envier aux vieilles démocraties pour la qualité de ses institutions et l'activité y était remarquable et parfois admirable dans beaucoup de domaines. Il y avait cependant une ombre au tableau : l'injustice initiale à l'égard des précédents habitants qui avaient été spoliés. Les Israéliens font valoir le fait que ces Arabes refusèrent d'adhérer à un plan de partage qui avait été proposé par l'ONU, mais il est clair que les Palestiniens n'avaient pas la moindre responsabilité dans le massacre des Juifs européens et qu'ils n'en ont pas moins payé le prix fort en perdant leur patrie.

Il y avait des précédents. À la même époque, le président de Tchécoslovaquie Edvard Beneš avait exproprié par décret et fait expulser dans des conditions souvent effroyables trois millions de personnes appartenant aux anciennes minorités allemandes et hongroises de son pays, accusées de collaboration passée avec les nazis. Et pourtant personne, même parmi les Sudètes, n'a songé à une solution militaire car les populations exilées furent intégrées dans des sociétés démocratiques. Ce ne fut pas le cas des Palestiniens qui furent même massacrés par dizaines de milliers en Jordanie et au Liban lorsqu'ils voulurent dominer les pays où ils étaient réfugiés.

Beaucoup sont devenus des parias, parqués dans des camps bordant Israël, condamnés à végéter par l'indifférence d'une communauté internationale leur fournissant tout juste le minimum indispensable pour survivre biologiquement. Là se sont constituées des poches de misère et de désespoir, terreau de toutes les frustrations, sociales, politiques, religieuses, idéologiques.

On y ressent évidemment la spoliation du territoire, qu'on pense ne pouvoir récupérer que par les armes, ce qu'on pourrait appeler le « syndrome de l'Alsace-Lorraine ». N'a-t-il pas été parmi les causes de la Première Guerre mondiale ? Combien d'hommes politiques français auraient-ils admis alors qu'une guerre serait trop cher payer ces terres perdues ? Combien auraient imaginé que le problème se trouverait un jour résolu dans une Europe apaisée ? Les peuples, hélas !, n'ont pas cette patience de visionnaire.

La recherche d'alliés dans cette lutte, arabes eux aussi mais concurrents, a fait proliférer les groupes autonomes, richement dotés par les gouvernements de la région mais qui ne sont guère que des pions dans des affrontements qui les dépassent.

Cette tragédie comporte peut-être une leçon. Alors que l'Europe semble sortir de ses guerres innombrables, voici un endroit — non le seul —, l'antique Palestine, où la mémoire d'épreuves récentes se heurte à des traditions millénaires. L'histoire rappelle ce qu'elle est aussi : un conservatoire de haine envers ceux qui descendent des ennemis de jadis, un musée des gloires ternies, un réceptacle d'ombres. Faudra-t-il donc aussi dépasser l'histoire pour faire place à la mutation ? Il faudra en tout cas ne pas attiser la mémoire pour justifier des conflits interminables et arrêter le pendule qui, depuis des millénaires, légitime, de guerres perdues en guerres gagnées, des guerres sans fin.

Une théorie des choix collectifs

Tout le monde est contre la guerre, à l'exception peut-être des militaires et sans doute des marchands de canons. Comment se fait-il alors que l'opinion publique n'ait jamais été capable de l'empêcher ? C'est là tout le problème des choix collectifs, un domaine où les mathématiques permettent d'analyser des situations, d'anticiper certaines évolutions et de parvenir à des conclusions qui seraient hors d'atteinte du simple bon sens.

Cette capacité d'analyse avait été mise à profit très tôt par des théoriciens comme Borda et Condorcet, à la veille de la Révolution française. On avait ainsi noté, en sociologie politique, certaines inconsistances du vote démocratique : il peut arriver en effet que, par la règle de la majorité, A l'emporte sur B, B sur C et C sur A, si A, B et C

sont des options, des personnes ou des partis qui ne peuvent se confronter que deux à deux. On ne peut alors rien conclure de définitif à partir des résultats de certains votes. Il existe quelques autres « théorèmes d'impossibilité » du même tonneau et les élections présidentielles de 2002 en France en fournissent probablement une illustration.

Les erreurs auxquelles le bon sens peut entraîner quand il est livré à lui-même apparurent au grand jour en 1950 avec le célèbre « théorème d'impossibilité » de Kenneth Arrow. Il est si important que, pour mieux l'expliquer, nous imaginerons comment Socrate l'aurait décrit dans une rue d'Athènes à un interlocuteur de rencontre, du nom d'Hippon par exemple. Voici le dialogue que cela aurait pu donner :

Socrate : Ne penses-tu pas, Hippon, que beaucoup de choses iraient mieux si l'on pouvait améliorer le sort financier de chaque homme ?

Hippon : Sans aucun doute, Socrate, et tout le monde s'en réjouirait.

Socrate : Ne dirons-nous pas que c'est un des grands buts de la démocratie : que tous en profitent ?

Hippon : Je ferais même de cela une condition absolue.

Socrate : Eh bien ! Acceptons ceci comme une condition, Hippon. Je suppose que tu ne voudrais pas que cela se fasse sous un régime de dictature.

Hippon : À aucun prix, cela va sans dire. Je dirais même que j'en fais aussi une condition.

Socrate : Je te pose à présent une question moins évidente. Quand on présente des options diverses au vote des citoyens, on peut leur dire : choisissez celle-ci ou bien celle-là. Chacune est un paquet à prendre ou à laisser. On peut aussi laisser chaque personne prendre un peu de ceci dans une option, un peu de cela dans une autre, et concocter son propre mélange.

Hippon : Si je te comprends bien, tu veux dire que c'est un peu comme au restaurant où on peut ou bien choisir parmi plusieurs menus, ou bien composer son repas à la carte ?

Socrate : Exactement. Cela étant, ne penses-tu pas que la solution du menu est préférable, c'est-à-dire que les options présentées au suffrage doivent être clairement distinctes ?

Hippon : J'imagine qu'il est impossible de décider de façon légitime sans entrer dans des complications infinies, à moins d'accepter ta condition, Socrate. Je l'adopte donc.

Socrate : Alors laisse-moi ajouter encore une condition. Nous demanderons aux citoyens d'avoir une opinion clairement définie. Si on présente par exemple trois options *A, B* et *C*, chaque votant devra donner sans ambiguïté son ordre de préférence. Il devra choisir par exemple l'option *A* de préférence à *B*, *B* de préférence à *C*, *et caetera*.

Hippon : Si je comprends bien, tu veux que chacun ait des idées claires et définitives. C'est peut-être beaucoup demander à l'intelligence des hommes, mais, après tout, c'est un peu l'idéal d'une société démocratique. J'accepte donc ta condition. Y en a-t-il d'autres ?

Socrate : Aucune !

Hippon : Alors je bous d'impatience. Dis-moi comment tu vas faire pour améliorer la condition de chacun, quel qu'il soit. Quant à moi, j'avoue que j'ai déjà une idée de ce que je ferais de quelques drachmes de plus. Alors ne me fais pas languir.

Socrate : Je te demande encore, Hippon, si tu es bien d'accord que les quatre conditions dont nous avons parlé sont tout à fait raisonnables.

Hippon : Raisonnables, dis-tu ? Pour ma part, je les dirais évidentes, inévitables, imparables ou, tout simplement, qu'elles sont l'expression même du bon sens.

Socrate : Eh bien, cher Hippon, j'ai le regret de te dire qu'il est impossible de les satisfaire toutes quatre ensemble.

Hippon : Tu veux rire. Tu m'emberlificotes encore, vieux matois de philosophe.

Socrate : Hélas, non. Il est strictement impossible de rien améliorer (notre première condition) quand on ajoute les trois autres conditions. Pas question, rien à faire. C'est un théorème mathématique dû à un certain Kenneth Arrow.

Hippon : Par Hermès, je crois que je déteste les mathématiques ! Kenneth, cruel Kenneth, Kenneth Arrow, me feras-tu douter des fruits de mon cerveau[1] ?

Socrate : Non, Hippon. Cela signifie simplement qu'il faut réfléchir davantage.

Le théorème d'Arrow a secoué le monde des économistes et des sociologues. Impliquait-il que la raison n'a pas sa place dans un monde démocratique ? La question a parfois été posée très sérieusement. D'importants travaux dus à Amartya Sen et d'autres chercheurs ont heureusement montré depuis qu'une issue existe, à condition de prendre en compte les préférences interpersonnelles des individus ou des groupes et non pas seulement leurs préférences personnelles dans l'analyse des décisions collectives[2]. On pensait auparavant que c'était impossible, incompatible avec une analyse cohérente et rigoureuse, qui paraissait impliquer une analyse atomique. Sen a montré qu'au contraire il est possible de faire entrer en jeu les données interpersonnelles, les relations

---

1. En pur littéraire qu'il est, Hippon se souvient visiblement de deux vers du *Cimetière marin* de Paul Valéry (« Zénon, cruel Zénon, Zénon d'Élée / M'as-tu percé de cette flèche ailée ? »), Zénon d'Élée étant le premier des penseurs qui a révélé les pièges du sens commun, par l'exemple d'une flèche qui ne pouvait atteindre son but. Le mot *arrow* signifie justement « flèche » en langue anglaise.
2. Nous nous appuyons ici sur la conférence d'Amartya Sen lors de la remise du prix Nobel d'économie en 1998 (on peut la télécharger sur Internet à l'adresse www.nobel.se).

entre groupes et leurs intérêts complémentaires, et cela de manière objective. La valeur théorique de la méthode se traduit par l'existence de « théorèmes de possibilité », en opposition directe avec les précédents théorèmes d'impossibilité.

À titre d'exemple et de manière grossière, disons qu'il faut abandonner pour cela la condition du tout ou rien, les paquets, les menus, et admettre de composer les propositions, ce qui peut se faire par la concertation. Il faut aussi rejeter la quatrième condition d'Arrow en reconnaissant que les préférences évoluent par la négociation. Cela peut sembler très simple, mais cela signifie que la concertation et la négociation peuvent éviter *en principe* des impasses irréductibles. Ce n'est pas seulement du bon sens, c'est une révolution théorique.

Cela signifie que la vieille méthode, dans laquelle chacun croit posséder une vérité absolue et s'efforce de l'imposer par tous les moyens, par la force ou la manipulation, n'est qu'une vision néolithique qui ne pourra survivre à la grande mutation. Le risque demeure évidemment qu'elle puisse encore conduire au chaos : ce ne serait plus alors la constatation d'une impossibilité, mais la preuve par l'absurde de la folie humaine.

Cela signifie aussi que la vieille querelle à propos des sciences humaines est vaine. Qu'importe qu'elles s'ornent ou non du nom de science, au même titre que celles qui moissonnent des lois dans la nature ! L'important semble être que les sciences de la *décision* puissent être rigoureuses.

Un champ nouveau semble ainsi s'ouvrir à la recherche et, ce qui est évidemment plus important, des pratiques nouvelles se profilent. La nouvelle théorie du « choix social » a pour méthode de rechercher quels principes, quels axiomes permettent de découvrir des solutions optimales aux problèmes de la société, en limitant les conditions qu'on aimerait imposer juste avant qu'elles n'atteignent un seuil d'impossibilité. C'est une entreprise purement théorique, mais le choix final ne peut venir que « du peuple, par le peuple et pour le peuple », selon la belle formule de Condorcet. Les théoriciens ne sont là que pour dire ce qui est possible et ce qui ne l'est pas, éventuellement découvrir quels choix peuvent s'offrir, mais il ne leur appartient pas d'intervenir dans les décisions politiques : c'est une autre affaire, qui est celle de tous.

Signalons que des travaux notables ont déjà été accomplis dans ce sens afin d'évaluer, mesurer les inégalités sociales, la pauvreté, la distribution du revenu national, la prise en compte de l'environnement et l'inégalité des sexes[1]. Ces exemples ont fait souvent dire aux médias, quand le prix Nobel d'économie a été attribué à Sen, que cela récompensait des travaux consacrés aux pays sous-développés. Il s'agit en fait de *théorie* et, qui plus est, d'une théorie *mathématique*, c'est-à-dire d'une forme de pensée aussi puissante qu'exigeante qui peut être mise au service du peuple afin qu'il *décide* en toute lucidité.

Car les problèmes sont immenses. Il est clair qu'ils prennent maintenant une ampleur mondiale. La domination écrasante, aussi bien économique que militaire, d'un seul pays, les États-Unis, ne relèverait-elle pas d'un théorème d'impossibilité précurseur de crises inévitables ? On aimerait que la théorie nous éclaire sur ce point. Quelles formes d'organisation internationale, et surtout quelles règles de prise des décisions peuvent harmoniser les intérêts de puissances émergentes comme l'Inde et la Chine, d'une Europe qui monte en puissance et d'autres nations encore, sans exclure les laissés-pour-compte de la croissance ?

---

1. Voir les références dans la conférence de Sen mentionnée plus haut.

Nous ne prétendons pas dire ce qu'il faut faire, seulement souligner que les problèmes sont profonds, difficiles, et qu'il faut les aborder avec la même lucidité, le même désintéressement et la même exigence qu'un grand problème naturel. Ainsi, peut-être n'est-il pas interdit d'espérer que la mutation, qui est aussi une mutation de la pensée, chasse un jour le chaos pour conduire à l'harmonie entre les hommes. Il n'est pas interdit d'espérer, mais, comme le disait notre Socrate, il faut encore beaucoup penser.

Chapitre 2

LA TERREUR

Les armes nucléaires

Les vieilles armes nucléaires restent une menace suspendue sur nos têtes, malgré une réduction sensible des stocks depuis la fin de la guerre froide et malgré les accords russo-américains. Leur puissance de feu colossale fait rêver bien des terroristes, elle reste pour eux la plus fascinante des tentations. Il n'est évidemment pas question d'en fabriquer par soi-même, comme dans la chanson de Boris Vian, mais est-il vraiment impossible de s'en procurer ?

Depuis 1945, on a construit des armes nucléaires très diverses. Chaque type répondait aux exigences des stratèges ou à la demande d'un secteur des armées — air, terre, marine —, dont aucun ne voulait voir réduire son influence. Cela ne leur coûtait pratiquement rien. Aux États-Unis en effet, les acheteurs — c'est-à-dire les militaires — ne paient pas les armes nucléaires. Ils paient les avions, les chars, les ogives des bombes, mais si celles-ci sont munies d'explosifs nucléaires, le Département de l'Énergie les livre gratuitement après accord des comités compétents du Congrès.

Les missions imparties à ces armes ont beaucoup évolué. En France par exemple, les stratèges prônaient la « dissuasion du faible au fort », le fort étant l'Union soviétique dont la gigantesque armée de terre laissait supposer des visées d'expansion en Europe. Cela reste apparemment encore la doctrine du Pakistan, de l'Inde et de la Chine, sans doute jusqu'à ce que l'un d'eux (devinez lequel) puisse être qualifié de fort.

Chez les deux grands rivaux, États-Unis et URSS, l'embarras de richesse constitué par les stocks, aussi bien que les besoins concurrents exprimés par les demandeurs ont fait que les villes, les centres industriels, et enfin tous les objectifs majeurs ou mineurs que désignaient des experts, ont été ciblés pour des types de bombes variés, portées par des lanceurs de plus en plus précis. Ensuite, on s'est proposé de viser les armes de l'adversaire par une frappe préventive qui le désarmerait et paralyserait sa force de frappe offensive. Le but affiché était évidemment de maintenir la sécurité internationale ou d'assurer la survie de la nation. La menace de détruire ainsi les forces nucléaires de l'adversaire, avant qu'elles ne soient lancées ou qu'elles n'atteignent leur cible, a conduit à une inflation monstrueuse qui ne semble plus répondre à une stratégie rationnelle.

Sans parler de la prolifération des armes nucléaires (combien d'États rêvent de biceps en plutonium ?), la situation confine à la folie depuis cinquante ans. Que faire ? Voir clair, d'abord, sans doute. Face aux experts dont les travaux restent classifiés — c'est-à-dire inaccessibles — et dont on ignore les présupposés, il faudrait au moins que la question soit abordée sous l'égide de la raison. Voilà une question qui demande de toute évidence qu'on s'y penche avec les méthodes du choix social dont nous parlions plus haut.

Quels axiomes, c'est-à-dire quels principes d'une morale des nations, sont concevables en l'espèce ? Où sont les « théorèmes d'impossibilité » dont on peut soupçonner qu'ils sont nombreux ? Seule, l'ONU pourrait soutenir un tel chantier d'étude. Seule, elle pourrait en tirer les éléments d'un consensus, si du moins on la laissait faire...

Certains États, ceux qu'on appelle « voyous », présentent un autre danger. Il ne leur est pas nécessaire de reproduire les modèles d'armes optimisées adoptés par les grands États, car ils n'ont pas besoin de stocks. Une seule bombe bien placée peut faire des dégâts incommensurables. C'est pourquoi on doit prendre garde à des programmes d'énergie nucléaire apparemment pacifiques. Des centrifugeuses capables d'enrichir l'uranium naturel en uranium 235 permettent de fabriquer des bombes, comme celle d'Hiroshima, sans qu'il soit besoin de construire des réacteurs nucléaires pour cela. La production de plutonium par des réacteurs de recherche de faible puissance permet aussi, avec de la patience, d'accumuler suffisamment d'explosif en quelques années pour obtenir quelques bombes.

Mais nous parlions de terrorisme. Il faut prendre en compte dans ce cas les dépôts de combustible ou les bombes de catégories diverses qui sont stockées par les puissances nucléaires. Leurs systèmes de protection sont peut-être perméables à l'argent colossal disponible pour la corruption. Une littérature considérable a été consacrée à ces questions[1].

---

1. Voir par exemple G. Charpak et R. L. Garwin, *Feux follets et Champignons nucléaires*, Paris, Odile Jacob, 1997.

Un autre moyen de terreur repose sur des armes simples et faciles à transporter. Ainsi, en dispersant des sources radioactives intenses, sous forme de petites particules de matière de quelques microns qui viennent se loger dans les poumons, on peut induire des cancers. Une estimation de l'effet d'une arme utilisant 1 kilogramme de plutonium, c'est-à-dire un tiers environ de ce qui est nécessaire pour fabriquer une bombe, dispersée sur une ville comme Munich au moyen d'explosifs chimiques puissants conduirait rapidement à 120 cancers mortels. Ce n'est pas « rentable » militairement, mais peut s'avérer terrifiant socialement. Cancer plus nucléaire, cela fait peur plus qu'une hyène. On a beau pouvoir calculer par exemple que les effets de radiation de l'uranium appauvri utilisé dans des obus antichars ne devraient pas avoir plus de conséquences pour les soldats et la population que la consommation d'une cigarette par mois, la psychose n'en existe pas moins[1].

Jouer sur de telles psychoses est facile et les moyens de les produire ne manquent pas, qu'ils soient d'ailleurs chimiques ou nucléaires. Les effets collatéraux économiques sont potentiellement énormes, si l'on parvient par exemple à rendre psychologiquement inhabitable le centre d'une grande ville.

Le bioterrorisme

L'épidémie de pneumonie atypique, ou pneumopathie, a semé l'alarme dans le monde entier pendant l'hiver 2002-2003. Bien qu'elle soit probablement due à une mutation

---

1. Notons cependant que les effets *chimiques* de l'ingestion d'uranium par les poumons sont apparemment mal connus.

accidentelle, elle nous rappelle à quel point il serait facile de répandre partout un virus spécialement choisi et optimisé. Rappelons à ce propos que la grippe espagnole avait fait 20 millions de victimes après la Première Guerre mondiale. L'épidémie de peste noire, qui partit de Marseille en 1348, traversa toute l'Europe et tua entre le tiers et le huitième de la population selon les régions. La mortalité atteignit 70 % à Brême et entre 50 et 60 % à Hambourg. Les conditions d'hygiène et de santé ont évidemment changé, mais ces nombres font frémir.

À une échelle bien moindre, l'emploi d'armes de cette espèce pourrait suffire à rendre presque impossible tout déplacement sur la planète. Les habitants des quartiers de luxe seraient à peine mieux lotis que les SDF et peut-être verrait-on les immigrants clandestins, soupçonnés de porter le virus, abattus à quelque frontière. Quel terroriste n'en a rêvé, si du moins les virus respectaient justement les frontières.

Après la Seconde Guerre mondiale, les grandes puissances ont mis au point un arsenal d'armes biologiques. Ces armes étaient interdites par les conventions internationales auxquelles toutes les grandes puissances antagonistes adhéraient, mais le prétexte était évidemment que rien ne prouvait que l'adversaire ne les fabriquait pas secrètement. Des milliards de dollars ont été investis : il est invraisemblable que les puissances déjà dotées d'un arsenal nucléaire surabondant aient gaspillé ces richesses, alors que leur pouvoir de dissuasion leur aurait permis de mépriser les menaces d'intimidation et de chantage résultant des armes biologiques ou chimiques.

Il y a deux sortes d'armes biologiques, l'une qui agit par infection de l'ennemi directement touché et l'autre qui agit par contagion. Une maladie comme l'anthrax infecte la cible mais ne se propage pas d'une victime à l'autre.

Dans l'arme contagieuse, c'est le taux de propagation dans la population qui joue le rôle principal. Si chaque victime en infecte trois autres, un calcul simple montre que la vitesse de propagation peut devenir phénoménale et qu'une contamination initiale de 100 000 victimes peut conduire à des dizaines de millions d'autres. On a calculé par exemple qu'avec la variole entraînant un taux de mortalité de 30 % chez les personnes atteintes, près de 30 millions d'Américains succomberaient.

L'arme de l'anthrax a été produite aux États-Unis et dans un certain nombre d'autres pays, jusqu'à ce que le président Nixon ordonne en 1969 l'arrêt de tout travail actif sur les armes bactériologiques et bannisse le développement, le stockage et l'usage de ces armes. Une convention signée par 145 pays en 1972 les interdit, mais cela laisse évidemment intacte la menace des groupes ou des États terroristes.

Le redoutable intérêt de l'anthrax pour la guerre bactériologique tient à ce que la bactérie est enclose dans une spore qui demeure très stable, non seulement à l'intérieur du corps humain mais aussi dans l'environnement. Dans des conditions favorables à la bactérie, celle-ci peut s'exprimer et se multiplier très vite dans l'hôte qui a eu la malchance de la rencontrer. Les cinq morts provoquées par les lettres contaminées aux États-Unis (sans doute dues à un terroriste isolé) ont eu des conséquences inattendues.

Les spores peuvent résider des semaines ou des mois dans l'hôte qui les a reçues avant de bourgeonner, et cela même en présence d'antibiotiques qui n'ont aucun effet sur elles. Lorsqu'on interrompt les antibiotiques, donnés par précaution à une personne porteuse de spores et restée en bonne santé, une infection mortelle se développe en quelques jours si elle n'est pas traitée aussitôt.

Des mesures préventives ont donc été évidemment envisagées. Ainsi, une publication de l'armée américaine dévoile le nombre d'agents infectieux développés par les États-Unis et par d'autres pays qui pourraient induire des maladies mortelles. Si les habitants de la planète étaient immunisés contre ces agents par une vaccination appropriée, le danger serait réduit. On avait pensé, dans le cas de la variole dont la vaccination a été arrêtée en 1972, que la maladie avait effectivement disparu de la surface de la Terre en 1980, faute de malades (la durée de l'immunité dans une population bien vaccinée étant de dix ans).

Mais des souches de variole ont été conservées dans certains laboratoires sous contrôle militaire et il serait facile d'en reprendre la multiplication. Il est à craindre que les États-Unis et le monde entier ne doivent désormais produire en priorité des vaccins contre tous les agents susceptibles d'être exploités comme armes biologiques. Le jeu en vaut cependant la chandelle car il est douteux qu'on puisse éviter cet avenir, à moins de grands changements.

Que faire contre le terrorisme ?

Les stratèges militaires ont élaboré tous les scénarios concevables d'attaques terroristes, avec leurs parades. Notons que leurs prédécesseurs du temps de la guerre froide avaient imaginé de même tous les schémas destinés à contrer de manière préventive toute supériorité, même momentanée, d'un des camps sur l'autre. C'est cette activité intellectuelle intense qui a conduit les États-Unis à posséder 35 000 têtes nucléaires, ayant chacune une puissance 7 fois supérieure à celle qui détruisit Hiroshima, tandis que les Soviétiques en avaient 45 000, ce qui leur donnait la possibilité de vitrifier 7 fois la surface de tous les lieux habités sur le Globe.

L'épuisement des cibles raisonnables avait même conduit les Américains à programmer une fusée destinée à la maison de campagne de la maîtresse de l'adjoint d'un important chef d'état-major. Jamais n'est apparue si vraie la fameuse remarque de Clemenceau : « La guerre est une chose trop sérieuse pour la laisser aux mains des militaires », à laquelle il faudrait ajouter : « et aux mains de savants affranchis de tout contrôle ». Les experts se recrutaient en effet dans un étroit vivier de scientifiques qui étaient parvenus à convaincre les militaires par leurs simulations sophistiquées sur des ordinateurs de plus en plus puissants. Hélas, un ordinateur est dépourvu d'esprit critique et, à partir d'hypothèses erronées, il ne peut produire que des résultats erronés — ou de magnifiques âneries en couleurs illustrant des prédictions absurdes.

Les mêmes jeux stratégiques agitent aujourd'hui les cercles spécialisés. On y constate qu'il est presque impossible d'empêcher un candidat au suicide de détruire un grand avion de ligne. Il lui suffit d'afficher la légère obésité si fréquente dans notre société et de transporter sur son corps 10 kg d'explosif indétectable, en passant furtivement le dispositif de sécurité qui ne détecte que les métaux, tout en ayant bien soin de ne porter sur lui aucune pièce de monnaie.

En relevant au hasard quelques moyens de défense proposés contre le terrorisme, on peut envisager les actions suivantes.

Dans un avion de ligne à l'habitacle blindé, le pilote, terroriste lui-même et voulant se jeter sur un bâtiment important, tue son copilote et se déroute vers sa cible ; il dispose alors d'une demi-heure de tranquillité totale. Il est difficile, en un si court laps de temps et dans le doute, de lancer des avions de chasse pour abattre l'avion suspect. La solution la meilleure serait d'améliorer de beaucoup la détection de toute déviation d'un avion par rapport à son itinéraire.

Les objectifs de grande sensibilité, comme la Maison-Blanche ou un centre nucléaire, pourraient être protégés par des missiles de courte portée, dont la réponse est presque instantanée. On peut l'étendre à d'autres objectifs importants, mais le nombre de ces armes est trop limité pour couvrir toutes les cibles tentantes.

Les experts imaginent des scénarios pour arrêter de grands camions d'essence, détournés par exemple par des pirates armés alors qu'ils stationnent pour faire le plein de carburant. De tels camions constituent une énorme charge explosive qu'on peut lancer à toute vitesse contre un bâtiment à détruire. Les stratèges préconisent donc que tous ces camions soient munis d'un dispositif d'arrêt, qui coupe instantanément les conduites d'alimentation des freins. La position de chaque camion devrait être contrôlée en permanence par un système GPS (relié à un satellite géostationnaire de positionnement). [Finis alors les discrets arrêts amoureux à l'entrée des villes qui agrémentent parfois la rude vie des chauffeurs !] La vérification des empreintes digitales par radio serait évidemment exigée avant le départ de chaque camion, comme pour les avions. Notons que le coût d'un dispositif d'identification par les empreintes est estimé à 200 euros par les experts, grâce au progrès. Notons aussi que lorsqu'un chauffeur tombe malade en route, le véhicule est immobilisé jusqu'à l'arrivée d'un autre conducteur aux empreintes acceptables. Hollywood ne sera plus en manque de scénarios catastrophes.

Cette courte énumération montre assez, à notre avis, que les failles sont inévitables. Une société qui atteint notre stade de développement est terriblement vulnérable si une partie de ses habitants est en guerre totale avec l'autre, même si elle ne représente qu'une faible minorité. Elle a aussi accès en effet à tous les moyens pervers des gadgets de la technologie, et les cibles sont innombrables (par exemple 60 000 ponts suspendus aux États-Unis).

La vulnérabilité des invulnérables

Les légendes d'antan sont pleines de héros invulnérables, mais Achille était attaquable au talon, une feuille de hêtre avait laissé une place périssable sur l'épaule de Siegfried, et les pieds d'Antée ne devaient pas quitter terre. Après la période de confrontation entre les États-Unis et l'URSS, au cours de laquelle les moyens les plus massifs de destruction furent développés, nous sommes entrés dans une phase où l'ambition du pays le plus puissant, les États-Unis, est de ne subir aucune perte dans une guerre. C'est à nouveau le mythe de l'invulnérabilité.

Ce rêve a été réalisé en apparence grâce à la précision ponctuelle des armes et grâce aussi à la puissance fabuleuse qui peut être déployée face à un ennemi insuffisamment équipé. Une seconde étape, à l'étude, vise à pourvoir les armées d'armes non létales (non mortelles)[1] : utilisées massivement, elles permettraient de figer momentanément les

---

1. Ref. « Non-lethal technologies : progress and prospects », *Report of an independant task force*, sponsored by the council of foreign relations, R. L. Garwin, Chairman / W. M. Winfield, Project Director.

foules de non-combattants qui servent parfois de bouclier humain à certains ennemis. Des grenades qui projettent tous azimuts des centaines de billes feraient très mal sans tuer, des clous à quatre pointes crèveraient les pneus des véhicules civils, des filets ou des mousses qui se polymérisent et deviennent vite très dures boucheraient des portes ou paralyseraient des machines, des boules puantes insupportables provoqueraient une fuite immédiate. Des armes acoustiques infrasoniques, directionnelles et très puissantes, produiraient malaises et vomissements, des ondes radio très intenses et dirigées arrêteraient les véhicules en mettant hors d'état l'électronique de commande des moteurs, etc.

Jusqu'en l'an 2000, les dépenses de recherche sur les armes non mortelles n'ont pas dépassé quelques dizaines de millions d'euros par an, mais on peut s'attendre à ce qu'elles connaissent un développement accéléré pour des raisons politiques et diplomatiques.

Tout est peut-être en train de changer au moment où nous écrivons. Outre les armes surpuissantes, d'autres, astucieuses ou perverses font de l'homme lui-même l'arme la plus redoutable. La deuxième guerre d'Irak a révélé que l'on peut gagner aisément une guerre sans gagner pour autant l'après-guerre. On peut y perdre plus d'hommes, quand le champ de bataille se déplace dans les villes où le terrorisme sévit.

Gengis Khan ne connaissait pas ces difficultés ; quand il prenait une ville, il lui suffisait d'en massacrer tous les habitants. Tamerlan édifiait des « minarets » de têtes coupées (70 000 têtes à Ispahan, selon les historiens[1]). Vlad, le voïvode de Transylvanie qui inspira la légende de Dracula,

---

1. Jean-Paul Roux, *Tamerlan*, Paris, Fayard, 1991, p. 208 et suivantes.

avait crucifié 20 000 Turcs et Bulgares dans une vallée de son pays au XVe siècle. Il serait facile aujourd'hui de faire pire si on le voulait, mais on ne peut le vouloir.

Un étrange cercle vicieux est en train de s'établir. Un pays dont la puissance est inégalée dans l'histoire crée des armes contre lesquelles nul pays ne peut résister. Il cherche ainsi l'invulnérabilité, c'est-à-dire l'armée de héros bénie du ciel dont presque aucun ne succombera. Et parce que ce respect de la vie des siens ne peut s'accompagner d'un mépris total de celle des autres, il entrouvre le défaut de son armure. Le terrorisme frappe un par un, patiemment, tuant les hommes et le mythe, sûr de sa force, car l'arme la plus redoutable est devenue l'homme, qui jette sa vie dans la balance de l'histoire.

Chapitre 3

UNE ÉDUCATION POUR LA PAIX

« Que faire ? », demandera-t-on. La complexité et le désordre du monde actuel ne permettent pas de répondre de façon simple ; tout s'entremêle, les désirs, les craintes, les aspirations et les haines se combattent, et nul ne peut dire : « Je sais. » Les sages qui professent que la paix doit venir de chaque être humain, réconcilié avec lui-même et ouvert aux autres, lucide, ont sans doute raison. Lucide, cela signifie que chacun cherche et travaille les yeux ouverts, là où il peut être utile et servir l'humanité. La clef des grands problèmes est peut-être simplement une volonté commune de les dissoudre, plus que de les résoudre, les dissoudre comme les molécules d'eau, innombrables, usent la pierre. Tout ainsi est l'affaire de tous et la seule clef universelle est dans l'homme qui vit sa propre humanité.

Que peuvent dire les deux physiciens que nous sommes ? La plupart des grands problèmes d'un monde en mutation dépassent de loin nos compétences réduites. Comment pourrions-nous les cerner ? C'est un équilibre de la planète

Terre qu'il faudrait fonder, une morale de la puissance, un droit de vivre humainement, l'ONU sans doute à repenser comme un gouvernement supérieur. Ensevelir la guerre dans la nuit néolithique et que plus jamais le savoir n'engendre des armes atroces. Comment faire pour que le maître mot de l'économie ne soit plus l'intérêt du plus fort, mais le service de l'homme, la solidarité planétaire ? La mondialisation est là, inévitable, mais comment la repenser pour qu'elle efface des poches insondables de misère ou de haine ? Comment dépasser l'histoire ? Ne faut-il pas aussi que les multiples formes de la religion s'épurent, au nom de l'amour des hommes et du respect de ce qui les dépasse, infiniment ?

Que pourrions-nous dire de tout cela, de ce temps de l'homme III qui ne vient pas et dont l'avènement doit se faire en chacun ? Notre expérience recèle peut-être une leçon. Notre métier nous a donné la chance insigne de jeter un regard dans le palais des lois, et nous avons vu que l'expérience en a rapporté les pierres du fond de la matière. La pensée, certes, les a assemblées, mais il fallait d'abord qu'il y ait l'expérience, et cela depuis quatre siècles et plus. Plus ? Beaucoup plus, comme on le voit quand on consulte l'histoire. Comment les hommes ont-ils maîtrisé le feu, domestiqué les plantes ou conçu des outils, bâti des cases et des cathédrales, si ce n'est à force d'essais, d'expériences ?

Jean Piaget a observé le comportement des enfants dès le plus jeune âge, et il a constaté qu'ils *expérimentent*. L'enfant découvre que les objets existent hors de lui, qu'ils tombent, qu'ils ont une couleur, une substance ; il observe un nombre incalculable de choses et de faits. Son cerveau en a besoin, son esprit s'y forme.

Une autre chose que notre métier nous a appris, c'est la genèse des concepts, non plus chez l'enfant comme l'a observée Piaget, mais dans l'histoire de la science. Nous y avons constaté qu'un concept se montre d'autant plus riche et significatif qu'il a fallu de temps à l'humanité pour l'extraire de la gangue des choses.

Ainsi, le comportement instinctif d'expérimentation appartient de manière essentielle à l'espèce humaine : l'homme est un animal qui expérimente. Le concept d'expérience, en revanche, c'est-à-dire la conscience claire de l'expérimentation comme source de vérité, ne remonte qu'à quatre siècles, c'est-à-dire au commencement de la grande mutation, au début de l'époque moderne. De plus, l'expérience ne comporte aucune idéologie. Telle est la perspective vers laquelle nous voudrions nous tourner.

La plasticité des cerveaux d'enfant

Aucune autre espèce que la nôtre n'a une enfance aussi longue. Le cerveau du nouveau-né comprend un nombre d'interconnexions neuronales beaucoup plus élevé que l'adulte ; beaucoup disparaissent très tôt, ne subsistent que celles qui sont mises à l'œuvre immédiatement en fonction de l'environnement. L'adaptation se poursuit au cours de l'enfance, le cerveau développant plus ou moins les fonctions dont il est capable selon ce qu'il reçoit : des expériences nouvelles ou un dressage.

Le cerveau de l'enfant est si plastique, si adaptable, qu'on en fait presque ce que l'on veut : tout lui est possible, le meilleur et le pire. L'éducation est un art, non pas une science. Comme beaucoup d'autres arts, elle a ses formes primitives, classiques ou abstraites.

Les formes les plus primitives ne sont pas nécessairement celles des civilisations les plus frustes, mais plutôt celles où l'éducation a été pensée pour atteindre un autre but que l'intérêt de l'enfant : un but social. On pense par exemple aux jeunesses hitlériennes ou aux enfants qui vocifèrent à grands cris des slogans de haine dans la cour de l'école, alignés comme des soldats. On regarde à la télévision, le cœur serré, des enfants psalmodiant des versets interminables et qui se balancent à la manière des autistes, tandis que les mots s'enfoncent en eux, là où la beauté du monde aurait pu entrer.

Il y a la manière abstraite, très rare, celle des surdoués tournés vers la musique ou les mathématiques et dont on encourage les dispositions. Il y a l'éducation classique, tournée aussi vers les textes, mais où l'ambition consiste à les comprendre et non à se laisser subjuguer par eux. L'éducation impressionniste, très répandue de nos jours, laisse l'enfant ramasser tout ce qu'il trouve. Nous sommes quant à nous favorables à l'éducation figurative, celle où l'essentiel réside dans l'objet et où le savoir-faire de l'enfant se conforme à ce qui est, plutôt qu'à ce qu'il est convenu d'en penser, ou plutôt d'en croire.

Aucun sujet de société n'est plus essentiel que celui de l'éducation. On en discute à l'infini, et non sans raison. On s'inquiète en Europe de la reproduction des élites, de la montée des communautarismes par refus des valeurs de la société ambiante. Des microsociétés d'adolescents engendrent leurs propres valeurs incertaines. Des parents démissionnent faute de savoir à quoi se raccrocher : c'est si difficile quand tout change de plus en plus vite sans qu'on en saisisse le sens. Dans les ghettos des sociétés les plus riches, l'enfant apprend le rejet et le désespoir. Ailleurs, on apprend parfois la haine, tout simplement. Tous ces problèmes ont selon nous une même racine : l'humanité tout entière est en voie de mutation et elle n'y est pas préparée.

L'alphabétisation scientifique des enfants de la planète

Laissons de côté l'évidence. Il va de soi qu'il est bon que l'enfant apprenne des *bases* indispensables : *lecture, écriture, calcul* et *informatique* aujourd'hui. Il faut qu'il découvre le monde où il vit, par la géographie, l'histoire, la culture. Il pourra, le moment venu, apprendre le nécessaire en mathématiques, en sciences, en philosophie et en d'autres matières, mais ce n'est pas essentiel. Tous n'ont pas ce besoin, si ce n'est pas leur nourriture propre, et ils peuvent trouver celle-ci ailleurs.

Le plus important est que l'enfant apprenne à penser par lui-même. Il doit le faire selon le génie de l'espèce et par sa propre expérience. Il faut évidemment l'aider, le guider — sans jamais l'endoctriner — pour qu'il développe cette lucidité, et la méthode existe. Nous ne l'avons pas inventée, mais nous l'avons vue en action. Elle repose sur une constatation simple déjà mentionnée : les enfants sont naturellement des chercheurs, très semblables aux chercheurs scientifiques. Ils aspirent à comprendre les lois du monde qui les environne. Ils aiment instinctivement toucher, casser, déplacer, éprouver les propriétés des objets.

Si on n'exploite pas ces penchants par une éducation appropriée, on limite d'entrée les enfants à n'acquérir qu'un nombre limité de concepts, associés aux gestes répétitifs qu'ils effectuent dans leur milieu. Leur soif de connaître n'est pas alors étanchée. Mais, si on leur offre une riche gamme d'activités expérimentales, soigneusement choisies par des scientifiques et des éducateurs compétents, on peut leur faire accomplir des pas de géant en leur permettant d'acquérir sans contrainte une façon de raisonner scientifique.

C'est du moins la conclusion à laquelle sont arrivés un groupe constitué à l'Académie des sciences et des acteurs à tous les échelons de l'Éducation nationale, ainsi que des étudiants en sciences et de jeunes ingénieurs. Il nous a semblé que le plus simple pour décrire cette action était de citer tel quel ce qu'écrivait en 1998 l'un des auteurs de ce livre (le « je » qui y figure désignant Georges Charpak). L'occasion en était la publication des réflexions de voyages d'un certain nombre des acteurs que nous citions et voici ce qu'en disait l'introduction.

*Un extrait d'*Enfants, Chercheurs et Citoyens[1]

Après avoir passé une bonne partie de ma vie à contribuer au déchiffrement de l'infiniment petit, je me suis trouvé confronté, âge et honneurs aidant, à la cité où j'évoluais. Ma famille, mes amis, mon pays, ma belle planète sont alors devenus plus visibles, plus palpables, exigeant soudain plus d'attention quand je suis sorti, en 1993, du cocon de la physique pure qu'était mon laboratoire, le Centre européen pour la recherche nucléaire, à Genève. Le CERN est un vaste vivier de quelques milliers de personnes où se côtoient des chercheurs du monde entier, libérés des barrières purement matérielles grâce aux moyens dont ils sont dotés.

---

1. Odile Jacob, 1998. Ce texte a été légèrement revu pour la présente occasion. Une source d'information abondante et commode sur l'opération « La Main à la pâte » est accessible sur le site Internet www.inrp.fr/lamap.

Libérés aussi des barrières politiques car, aux pires moments de la guerre froide, les liens ne furent jamais rompus entre les physiciens des hautes énergies, de quelque côté qu'ils fussent. L'absence de toute application prévisible, militaire ou économique, a permis aux décideurs politiques de préserver cette passerelle entre les élites scientifiques de régions adverses, une passerelle dont l'effet principal a d'ailleurs été la contamination de nos collègues soumis aux régimes totalitaires par les idéaux démocratiques.

Au plus fort de mon engagement personnel, je me suis toujours intéressé aux problèmes qui affectent le monde. Les guerres, les révolutions, les persécutions rencontraient un écho jusque dans notre cocon. J'attachais en particulier une grande importance à l'éducation, d'abord comme la principale assise des sociétés démocratiques, mais peut-être aussi pour des raisons sentimentales. Arrivé de Pologne à l'âge de sept ans et d'une famille très modeste, j'avais pu bénéficier de l'instruction de la plus haute qualité qu'on pût trouver alors en France, sans jamais avoir à souffrir de l'impécuniosité des miens.

J'ajouterai que, pour des motifs rationnels, j'avais développé un sentiment d'horreur pour tous les intégrismes et tous les fascismes. Mon expérience m'avait appris qu'ils pouvaient prendre toutes les couleurs de l'arc-en-ciel. Et je pensais qu'une bonne éducation, largement répandue, était le meilleur rempart à leur opposer. Quel devait être le rôle de la science dans cette éducation ? Je sentais qu'en raison du bouleversement qu'elle avait apporté dans la vie de nos sociétés, il fallait repenser son rôle dans l'enseignement de tous les futurs citoyens. Le bourgeonnement extraordinaire de la science au cours du XXe siècle serait-il considéré par eux comme un bienfait ou comme un malheur ?

Pour ceux, trop rares, qui ont goûté aux fruits des nouvelles connaissances, ce fut une fête grisante. Pour ceux, nombreux, qui ont vu leur santé et la qualité de leur vie s'améliorer, leurs richesses s'accroître, l'idée s'est ancrée que les bienfaits l'emportent. Mais pour tous ceux qui, en nombre considérable, ne se sont pas adaptés aux nouveaux modes de production, aux relations sociales qui en résultent, l'intrusion brutale de la science a été identifiée aux nouvelles technologies qu'elle avait enfantées ; elle n'était acceptée qu'avec une sourde méfiance, ou perçue comme une calamité.

Un certain aveuglement habite les premiers, inconscience qui se nourrit d'égoïsme, d'un sentiment de fatalité, de la bonne conscience que les privilégiés dont l'avenir semble assuré ont toujours su se forger, ou qu'ils faisaient forger par leurs penseurs. Les seconds, les laissés-pour-compte, ceux que les changements condamnent à devenir plus pauvres, à quitter leurs terres, à perdre le statut social qui conférait de la dignité à leur vie — même difficile —, ceux-là rejettent souvent la science, même si les progrès de la médecine prolongent de dix ou vingt ans leur espérance de vie. Ce rejet les fait parfois tomber dans les pièges d'idéologues qui forgent, avec un art consommé, tout un obscurantisme moderne aux mille facettes : mystiques, politiques ou scientistes.

Mais ces deux humanités vivent sur la même planète et elles doivent se frotter l'une à l'autre. Le siècle écoulé a vu se dérouler les plus gigantesques tueries de l'histoire. La vie de dizaines ou de centaines de millions d'humains a été une longue géhenne et n'a guère été adoucie par l'épanouissement des sciences.

On trouve, à l'échelle des diverses nations, des structures de solidarité qui visent à atténuer les disparités excessives entre les niveaux de vie. Elles sont devenues inadéquates. Il se crée dans les pays les plus riches des groupes de plus en plus étanches qui sont exclus d'une vie digne. La seule façon de faire machine arrière est d'empêcher que les enfants qui naissent dans ces groupes ne sombrent eux aussi dans une exclusion irrémédiable. S'ils s'installent en permanence dans une vie misérable, ils se forgent une culture étrangère et hostile à celle qui baigne la société où il leur faut vivre. Et c'est à un rythme endiablé que chaque décennie, puis chaque année, les technologies nouvelles viennent nous rappeler l'urgence d'adapter la société à sa créativité galopante.

La violence qui naît de ce divorce rendra fragiles des structures démocratiques chèrement conquises, que l'on considérait comme acquises pour toujours mais qui se révèlent totalement inadaptées aux nouvelles relations sociales. L'évidence de ce constat a conduit, depuis des dizaines d'années, des éducateurs de nombreux pays à vouloir faciliter l'intégration sociale des enfants de toutes les conditions par un enseignement profondément renouvelé dans ses méthodes, ses objectifs, et son ambition.

L'ÉDUCATION, UNE BARRIÈRE CONTRE LA BARBARIE

J'ai eu le privilège, il y a six ans[1], d'être entraîné par mon ami Léon Lederman dans l'aventure qui est devenue la passion de sa vie : une réforme de l'enseignement reçu par les enfants d'âge tendre, de cinq à douze ans. Il ne s'agissait pas simplement d'introduire une somme de recettes scienti-

---

1. Rappelons que ce texte a été écrit en 1998.

fiques dans le cerveau des enfants ou des adolescents, mais d'utiliser leur immense et insatiable curiosité naturelle pour les conduire, par une démarche active et soigneusement élaborée par des scientifiques, à l'approche du réel. Chemin faisant, ils apprennent — aspect crucial de la méthode — à communiquer oralement entre eux, à lire et écrire, tout en assimilant l'art de raisonner qui leur sera précieux plus tard pour se frayer une voie dans la société et relever ses défis changeants et imprévisibles.

Ma conviction a été forgée en un seul jour en voyant, dans un ghetto de Chicago, des enfants aux yeux pétillants de plaisir découvrir le monde et ses lois en maniant des objets simples, bien choisis. En discutant entre eux, puis avec la maîtresse, en décrivant par l'écriture et le dessin leurs observations, ils s'imprégnaient naturellement des concepts dont les scientifiques qui avaient imaginé ces expériences voulaient qu'ils prissent conscience.

Je voyais en action une pédagogie qui reposait sur des idées simples. Il y a une grande parenté entre les démarches des jeunes enfants qui découvrent le monde et celles des chercheurs scientifiques engagés dans le déchiffrage des secrets de la nature. L'élaboration de la connaissance ne peut se faire, en très grande partie, qu'en s'engageant dans une recherche active et non en engrangeant des vérités assénées. Tous les enfants, tous les adolescents doivent avoir le droit de pouvoir accéder à un niveau élevé de connaissances scientifiques, quels que soient leur origine, leur sexe, ou la diversité de leurs dons. Il est fondamental que les enfants disposent du temps nécessaire pour acquérir une connaissance profonde d'un certain nombre de sujets, plutôt qu'une accumulation de connaissances superficielles et dispersées. Après avoir parcouru toutes les classes de l'école, j'ai vu à tous les niveaux, en physique, en chimie, en sciences naturelles et en mathématiques, des enfants qui expérimentaient avec joie, apprenant à leur rythme des concepts fondamentaux, réfléchissant et discutant.

Ce que je voyais en gestation avait une importance considérable pour moi. C'était la maturation de futurs hommes et femmes libres, capables de rechercher une vérité qui ne leur était pas livrée toute faite, enrichis d'un bagage intellectuel leur permettant de profiter sans peur de l'immense trésor des nouvelles connaissances et des nouvelles techniques dont le développement impétueux de la science risquait de les submerger.

Je connaissais la mauvaise réputation de la plus grande partie de l'enseignement public américain. Je savais, par le hasard de mes lectures, que la moitié des élèves du secondaire ne savent pas localiser sur une carte la France ou le Japon. La mauvaise qualité de l'enseignement public pénalise les populations les plus fragiles. Seuls 8 % des adolescents noirs, 20 % des adolescents hispaniques et la moitié des adolescents blancs savent calculer la monnaie qui leur est due pour un repas de deux plats, c'est-à-dire enchaîner une addition et une soustraction. En 1985, 20 % de la main-d'œuvre était illettrée : elle pouvait épeler les lettres, mais ne savait pas lire une phrase.

Tout cela contraste avec la formidable vitalité de l'économie américaine. Celle-ci réclame une modernisation de l'enseignement, car elle a bien davantage besoin de gens instruits que d'analphabètes. Il n'est pas étonnant que les écoles privées connaissent plus d'essor que les écoles publiques, puisqu'elles disposent de plus de moyens et montrent une plus grande flexibilité à s'adapter aux besoins de la société.

Certaines faiblesses criantes du système d'enseignement américain sont masquées par la contribution des immigrants à la force de travail scientifique. Les universités et les écoles d'ingénieurs accueillent massivement des étudiants étrangers parmi les plus brillants, qui sont en général financés par leur famille ou leur pays ; dans certaines écoles d'ingénieurs, plus de la moitié des étudiants sont dans cette situation. Les laboratoires accueillent, après un doctorat, les chercheurs étrangers parmi les plus doués. Ils offrent aux meilleurs des situations matérielles incomparablement préférables à celles qu'ils pourraient avoir dans leurs pays d'origine, avec la possibilité de travailler sans tous les irritants problèmes bureaucratiques qui affligent souvent la vie d'un chercheur.

Ainsi, le coût initial considérable de la formation de ces élèves repose sur l'économie des pays d'origine et cela permet aux État-Unis d'accéder à un vivier inépuisable, dont la qualité contribue à leur prospérité.

Lorsque je suis revenu en France, en 1993, j'ai emmené Léon Lederman rencontrer le ministre de l'Éducation nationale, François Bayrou, pour m'aider à le convaincre. Il l'a été. J'ai pu monter une petite délégation qui s'est rendue à Chicago pour voir ce que j'avais vu. Ils ont éprouvé le même sentiment que moi. On pouvait certes trouver en France et de par le monde un bon nombre d'expériences de même qualité et d'inspiration semblable, mais ce qui conférait son intérêt à l'entreprise de Lederman était l'ampleur de son ambition.

Lorsque notre délégation revint de Chicago, avec Pierre Léna et Yves Quéré, membres de l'Académie des sciences, nous avons su frapper aux bonnes portes pour obtenir des crédits en dehors de l'Éducation nationale pour nous permettre de démarrer l'aventure. Nous avons ainsi pu financer, en 1997, un voyage aux États-Unis, non plus seulement cette fois de notables scientifiques ou universitaires, mais de professeurs d'école engagés sur le terrain, accompagnés d'autres acteurs qui se sont révélés fort précieux. Ils ont visité d'autres centres que Chicago où des expériences analogues étaient entreprises. En fait, des centaines de millions de dollars avaient été dépensés par les autorités fédérales et locales pour susciter des démarches de ce type dans une dizaine de centres.

Nous avons donc commencé en France une expérience d'éducation en suivant les mêmes principes. Pour la rapporter, et plutôt que de rester au niveau des généralités, nous commencerons par raconter le parcours d'une petite fille algérienne fraîchement arrivée en France, dans une école de Vaulx-en-Velin, tel qu'il a été décrit par l'instituteur qui l'avait dans sa classe.

PORTRAIT D'ÉLÈVE : SOUMIA OU LE « RACCROCHAGE SCOLAIRE »

Cette année nous avons expérimenté un module traduit de l'américain sur « les liquides » dans le cadre de l'opération « La Main à la pâte ». À raison de trois séances d'une heure trente par semaine, sur une durée de deux mois et demi.

Dans la classe où j'enseigne, les origines des élèves sont diverses et l'hétérogénéité scolaire est grande. Soumia fait partie des élèves en grande difficulté. Arrivée d'Algérie il y a un an, elle a du mal à comprendre la langue française et encore plus à l'écrire. Notons que l'écriture est mauvaise et le travail peu soigné. Son retard scolaire est important.

Soumia, par ailleurs, souffre de troubles psychologiques et vit dans une famille en grande difficulté socio-économique.

Cependant, elle ne s'est pas désintéressée de l'école et témoigne du désir d'y arriver. Son comportement est très effacé ; c'est une élève qui exprime beaucoup de tristesse, qui ne parlait quasiment pas en début d'année et faisait preuve d'une grande lenteur, voire d'apathie.

Avant de commencer le travail d'expérimentation sur les liquides, un questionnaire d'introduction est proposé aux élèves pour évaluer au départ leurs représentations du sujet et ce qu'ils en connaissent déjà.

Sur un maximum de 50 points que l'on pouvait obtenir, Soumia en a alors obtenu 2, les élèves les plus en difficulté se situant davantage entre 10 et 20 points, un seul élève obtenant 0 et les meilleurs scores se situant aux alentours de 30 points.

En deux mois et demi, j'ai noté les points suivants :

— Le comportement a évolué de façon fulgurante, plus trace d'apathie ou de léthargie en classe. Soumia attend avec impatience la séance de sciences pendant laquelle elle s'active avec frénésie.

— On assiste à une prise de parole, régulière et même insistante, si on ne l'interroge pas tout de suite !

Que ce soit durant les manipulations pour faire part de ses observations ou après, lors de communications au grand groupe, que ce soit pour exprimer une hypothèse, toujours justifiée par un « parce que » ou pour exprimer son point de vue dans l'autre espace de parole qu'est notre conseil de classe. Soumia s'exprime sur tous les sujets qui nous occupent et j'ai même noté que sa voix était plus assurée et qu'elle osait parler plus fort qu'auparavant.

Soumia affirme une plus grande volonté et confiance en elle. Elle s'est inscrite aux « Quoi de neuf ? », moment d'expression orale à sujet libre que je propose aux élèves. De même, elle a souhaité s'inscrire à des ateliers scientifiques dans le cadre des contrats locaux d'accompagnement scolaire organisés pendant le temps des études aménagées le soir.

Cette élève qui écrit mal, dont les cahiers sont négligés et dont la production d'écrits est quasi absente, a pris plaisir à représenter les expériences et schématiser, avec parfois un résultat très satisfaisant, tant au niveau de la forme — dessin réalisé, souci des légendes —, que sur le fond où il était clair que la compréhension était juste.

Par ailleurs, Soumia écrit avec plaisir dans le cahier de vie de la classe, sorte de cahier de mémoire collective qu'un élève, chaque soir, emporte à la maison et sur lequel il consigne un petit bilan des activités du jour. C'est d'ailleurs à cette occasion que Soumia se plaisait à reparler des expériences, dessiner les conclusions qu'elle en avait tirées, voire, si c'était un jour où nous n'avions pas eu notre séance de sciences, se plaignant qu'elle en était vraiment « trop désolée », avec le dessin d'une petite rageuse à côté.

À la fin du module, nous avons réitéré le même questionnaire en plus de l'évaluation qui était prévue afin de mesurer l'évolution des élèves par l'écart de points obtenus.

L'écart pour Soumia a été de 25 points. Deux élèves sur vingt-deux seulement ont eu un écart supérieur, soit 29 pour une élève qui partait de 9 et 31 pour une autre qui en avait obtenu 17 au départ, la moyenne de la classe se situant à plus 16 points.

Je note actuellement un « raccrochage scolaire » en mathématiques : Soumia se met à comprendre...

« La Main à la pâte »

Après un tel exemple, qui n'aurait pas envie de donner la même chance à tous les enfants qui démarrent mal dans la vie, faute de chance d'avoir des parents suffisamment instruits et disponibles !

Nous avons donc rêvé d'entraîner le système éducatif avec nous. L'obstacle principal est l'inertie, le scepticisme, le fatalisme, mais il peut être vaincu. Les quelques années de mise en pratique de la méthode en France ont montré qu'il existe un immense réservoir de bonnes volontés prêtes à s'investir. En particulier, les scientifiques de tous niveaux peuvent jouer un rôle décisif en assistant les professeurs d'école qui se lancent dans le nouvel enseignement avec un matériel qui ne leur est pas familier.

Le stade suivant est dans les mains des hommes politiques et c'est à eux qu'il appartient de lever les principaux obstacles. À cet égard, la structure centralisée de notre enseignement s'avère assez avantageuse. Si la formation prodiguée aux professeurs d'école s'inscrivait dans cette perspective, il suffirait de cinq à dix ans pour opérer une réforme générale de l'enseignement primaire entraînant des changements salutaires dans son sillage.

Pour ceux qui se sont lancés dans l'aventure, cette affirmation n'a rien d'excessif. On peut en voir l'effet dans quelques écoles où des enfants de cinq ans ont été fascinés (il n'est pas difficile de le voir à leur air) par le jeu simple que voici. Le maître propose une devinette : si on jette un pamplemousse, un citron, une banane et un haricot dans une bassine emplie d'eau, certains vont couler et d'autres flotter. Les élèves sont priés d'émettre une hypothèse. Tous décident que le haricot va flotter, parce qu'il est léger. Ils font l'expérience et, bien évidemment, seul le haricot coule. Il s'est trouvé un cas, par hasard, où les enfants étaient observés par un homme politique et un diplomate qui, bien évidemment, ont fait eux aussi la même réponse que les enfants : c'est l'objet le plus léger qui flotte. Mais il ne s'agit pas d'un jeu. Au bout d'une heure de leçon, les enfants comparent, à l'aide d'une balance, le poids de gobelets en plastique remplis d'huile et de vinaigre et ils constatent que le gobelet empli de vinaigre est plus lourd que celui qui est plein d'huile, et que c'est la raison pour laquelle leur mère met d'abord l'huile lorsqu'elle fait la vinaigrette.

Ils ont ainsi accédé à la notion de densité par une série d'expériences simples. Ils ont appris à faire une hypothèse, par exemple : le vinaigre est plus lourd parce qu'il est rouge, à la vérifier ou l'invalider. Ils ont appris les quelques mots nécessaires pour décrire des concepts nouveaux et ils rédigent, soit une « table de vérité », soit un petit texte pour décrire leur expérience.

Dans une autre classe de « vieux » de neuf ans, les enfants sont placés devant des gobelets et des vases en plastique de différents diamètres. Ils en mesurent la circonférence avec une pièce de ruban adhésif qui en fait le tour et dont ils mesurent la longueur avec une réglette à deux sous ; ils mesurent le diamètre avec la même réglette et ils font enfin le rapport des longueurs avec une règle à calculer électronique qui coûte 5 euros. C'est alors qu'ils ont la surprise de trouver que le rapport est voisin de 3,14 quel que soit le diamètre du récipient, ce qu'ils ne soupçonnaient pas.

Ils répètent la mesure 25 fois sur un même récipient, puis ils font une table des résultats obtenus, suivie d'un abaque qui montre la distribution des mesures autour de la valeur moyenne. Ils découvrent que cette valeur moyenne est en effet voisine de 3,14 mais les mesures en diffèrent parfois fortement. Ils sont ainsi introduits à une notion fondamentale : l'erreur de mesure. Ils ont, bien entendu, été invités à faire des hypothèses au cours de l'exercice et à décrire leur expérience sur un cahier de notes personnel. Lorsqu'on compare ces notes écrites, au début et à la fin de l'année, on est stupéfait d'un progrès perceptible à la première vue.

Les enfants étudient ainsi plusieurs phénomènes naturels qui les interpellent : les différents états de l'eau, solide, liquide ou vapeur ; la culture des plantes, à laquelle ils s'adonnent avec joie et où ils rencontrent bien des surprises quand ils sont citadins. À chaque fois, ils suivent un même schéma. Ils doivent proposer des hypothèses quant aux résultats qu'ils vont observer ; faire les expériences en commun au sein d'un petit groupe de quatre élèves ; confronter leurs résultats, souvent divergents ; en disputer devant le maître ou la maîtresse. Il arrive parfois que ceux-ci, les chefs d'orchestre, ne sachent pas tout de la partition et qu'une question inattendue surgisse.

C'est alors que les scientifiques qui servent de conseillers ont appris aux maîtres à dire en toute candeur : « Nous faisons des sciences dans cette classe, mais les chercheurs de profession eux-mêmes n'ont pas une réponse immédiate à toutes les questions. Vous aurez la réponse à la prochaine leçon. » L'attente renforce évidemment la curiosité !

La solution la plus simple conduit les maîtres à interroger un site Internet qui leur est consacré et sur lequel près de quatre-vingts scientifiques sont en veille bénévole ; ils s'engagent à donner une réponse en moins de 36 heures. Une autre solution fait appel à des étudiants qui ont décidé de consacrer une heure par semaine dans une école de leur voisinage, et viennent discuter pour aider des maîtres parfois incertains.

Bien entendu, ces étudiants ne viennent pas faire les cours en remplaçant les maîtres ; en règle générale, ils en seraient incapables. Il ne leur faut, en revanche, qu'une formation légère pour acquérir la maîtrise du matériel utilisé. Tout comme les maîtres, ils ont à leur disposition une vingtaine de livres ou de protocoles qui se rapportent au matériel et qu'ils mettent à la disposition des élèves.

Les maîtres ne terminent jamais une classe sans le rituel obligatoire de la discussion publique avec les élèves, sur le sens des expériences qui ont été conduites. Les élèves doivent comprendre qu'il ne s'agit pas de jeux distrayants, mais d'une méthode destinée à acquérir des concepts fondamentaux. Ce débat est donc une phase fondamentale. Chose remarquable, la discipline ne pose que très rarement un problème, tant la démarche est proche de la nature profonde de l'enfant.

Avec un peu de talent pédagogique et de doigté, courants chez les maîtres, ceux-ci font donc apprendre aux élèves les règles du débat scientifique, c'est-à-dire les lois du débat démocratique ! C'est ce qui avait le plus frappé la vice-ministre de l'Éducation de la Chine lorsqu'elle vint visiter une école en France.

Nous pourrions remplir un volume avec des exemples d'application d'une méthode qui repose ainsi sur le goût spontané des enfants pour la découverte du monde, l'intelligence du choix des outils destinés à acquérir ces connaissances par l'expérimentation personnelle, et enfin sur l'aisance et la maîtrise avec lesquelles la plupart des professeurs d'école s'adaptent à la méthode en y trouvant, disent-ils, une stimulation nouvelle pour leur métier d'enseignant.

La méthode s'appelle « La Main à la pâte ». C'est une locution populaire inspirée d'une autre qui l'avait précédée, aux États-Unis, parmi celles dont nous avons parlé. Celle-ci s'appelait *Hands on* (« Mettez-y les mains »), et le sens est le même : faire parler l'expérience en manipulant les choses, plutôt que recourir au discours.

Elle a déjà été expérimentée ces dernières années par au moins 10 % des professeurs d'école français, au rythme maximum que permet une brève formation des maîtres (tous volontaires) et les délais imposés par l'achat ou la fabrication du matériel adéquat. Sa propagation quasi spontanée a été soutenue par la sympathie rencontrée chez les autorités académiques, l'Académie des sciences, des grandes écoles et des universités avec le concours d'une part notable de leurs personnels et leurs étudiants, auquel il faut ajouter celui d'ingénieurs retraités.

On peut évaluer les moyens matériels à 15 euros par an et par élève, ce qui reste donc minime en regard des 3 000 euros que chaque élève coûte à la nation durant la même période. La qualité du matériel fait un peu la qualité de la méthode et il sert chaque fois à des thèmes bien définis. Il faut tenir compte de la casse, qui se monte à environ 10 % par année. Près de 30 000 modules de matériel devant servir chacun 30 élèves pendant la leçon sont installés actuellement dans les écoles, et ils sont souvent accompagnés de matériel de conception locale.

Chose assez surprenante, on a constaté qu'il était plus facile et moins coûteux d'acheter le matériel et les ouvrages qui s'y rapportent en France qu'aux États-Unis. C'est une des raisons pour lesquelles de nombreux pays se sont adressés à la France pour les aider à se lancer dans l'aventure. Cette disponibilité commerciale du matériel est un élément important, car commencer une telle opération en sachant d'emblée où l'on trouvera ce matériel et à quel prix facilite beaucoup le passage à l'acte.

La réceptivité des professeurs d'école est évidemment essentielle. Beaucoup n'ont pas reçu de formation scientifique et certains se croient même imperméables à tout raisonnement scientifique. Il peut donc y avoir crainte et risque d'échec. Le problème est réel et l'on a constaté aux États-Unis, dans certains États, que ce trou dans la formation affectait jusqu'à 99 % d'entre eux. On l'évalue en France à 80 %, si on en juge par les diplômes universitaires. Est-ce un mur infranchissable qui rendrait la méthode utopique, ou réservée à une nouvelle élite ? Heureusement non, car il apparaît que les meilleurs maîtres se trouvent souvent parmi ceux qui ont reçu une formation littéraire. Le problème de la formation des maîtres n'en est pas moins un verrou possible et il serait sans doute de bon augure que leurs organisations syndicales se penchent sur la question — et sur le principe de la méthode — en vue d'une concertation future.

Se posent aussi des problèmes locaux. L'accompagnement des maîtres par des scientifiques, juniors ou seniors, a été un facteur important qu'il semble bon de préserver, mais il n'est pas indispensable. C'est heureux, car sinon le succès dépendrait trop de la géographie et de l'environnement social. Dans la mesure où les maîtres ont pris conscience qu'ils ne sont pas appelés à faire un cours de sciences, mais à suivre le cours naturel du développement de l'enfant, ils peuvent se passer de la présence d'accompagnateurs pendant leurs cours. Il y a d'autres ressources, parmi lesquelles Internet figure au premier plan. On peut aussi envisager l'aide d'associations. Enfin, la régionalisation devrait aussi jouer un rôle.

Pour conclure, n'oublions pas le cadre de ce livre. Quel que soit notre attachement profond à notre pays, notre ambition va au-delà. Le but n'est pas, encore une fois, d'accroître la connaissance des sciences ou la compétitivité scientifique, là ou ailleurs : il est de contribuer à ouvrir des esprits lucides sur leur mutation.

Le succès de la méthode a conduit à réfléchir à sa généralisation. Il est évident qu'elle a des adversaires, ceux qui croient davantage au discours et à l'inculcation d'un savoir, mais passons là-dessus : nous n'avons jamais dit qu'elle doit tout remplacer. Il est plus intéressant de souligner l'écho inespéré des expériences françaises dans des pays lointains : Chine, Amérique du Sud, Sud-Est asiatique et Afrique du Nord.

Une expérience faite à Bogotá mérite qu'on la signale. La méthode y a été implantée dans cinq lycées hébergeant chacun mille élèves, de la dernière année de l'école maternelle à la classe préparatoire au baccalauréat. Cinq cents élèves dans chaque établissement, ceux des classes élémentaires pratiquent « La Main à la pâte » cinq fois par semaine. Des élèves de terminale assistent les instituteurs et cela fait partie de leur propre cursus. Les lycées sont flambant neufs et implantés dans les quartiers les plus difficiles. La qualité et l'ambiance enthousiaste des cours laissent augurer une extension foudroyante, si les événements politiques le permettent. Cette expérience est partie du lycée français, qui obtint l'adhésion des meilleurs lycées privés et d'une prestigieuse école d'ingénieurs. À cela s'ajoutèrent le talent et le dévouement de quelques universitaires colombiens, qui surent trouver l'appui des dirigeants de l'éducation du pays et de la ville de Bogotá.

Cette expérience, observée en juin 2003 par des délégués venus entre autres d'Amérique latine, de France et des États-Unis, montre que, lorsque les moyens nécessaires sont mobilisés, la méthode se prête à une implantation rapide, même dans les conditions les plus difficiles. La question d'une extension à l'échelle mondiale n'est donc pas impensable.

Le stade suivant, auquel l'un de nous consacre à présent tous ses efforts, est une extension de l'expérience à l'échelle européenne. Ce que Georges Charpak a connu au CERN l'inspire en l'occurrence. Dans les années 1950, des visionnaires politiques et scientifiques avaient su convaincre les dirigeants européens de relever le défi soviétique et américain dans un domaine précis, celui de la physique des particules. Cela demandait des moyens considérables en raison du coût des accélérateurs de particules. Les physiciens obtinrent ainsi un milliard de dollars chaque année pendant un demi-siècle, et le CERN finit par égaler et parfois surpasser des concurrents devenus entre-temps des associés.

Ce succès ne se mesure pas seulement au nombre des découvertes, mais aussi au fait que la coopération entre les scientifiques du monde entier s'en est trouvée profondément modifiée. Ainsi, le Web a d'abord été conçu au CERN pour la communication entre des milliers de physiciens qui coopéraient, de par le monde, à des expériences auprès d'accélérateurs, allant des États-Unis au Japon en passant par l'Europe et la Russie.

L'Europe peut relever aujourd'hui un défi de même ampleur. Si elle engage un milliard d'euros chaque année pendant vingt ans, la qualité de l'enseignement donné aux enfants en sera révolutionnée. Il ne s'agit pas de réinventer les méthodes d'enseignement, mais d'abord de copier, adapter et tester une méthode déjà prometteuse. Il faut d'abord se donner les moyens de fournir rapidement aux maîtres le matériel nécessaire, une formation continue sur place ou au niveau régional par un personnel compétent.

On peut s'inspirer des sites d'excellence qui ont joué en France un rôle essentiel dans la propagation de la méthode. Ils existent ailleurs. En organisant quelques villes pilotes, d'importance diverse mais dont les dirigeants veulent sortir des sentiers battus, on entend établir en quelques années la validité de la méthode et l'améliorer.

Le coût ? Nous l'avons estimé à 15 euros par enfant et par an. Si l'on sert à terme en Europe cinquante millions d'enfants, cela approche le milliard d'euros, un nombre qui n'a rien d'effrayant.

Comment faire en sorte que la méthode s'étende à des pays en voie de développement qui pourraient en profiter au maximum ? Il s'agira surtout dans ce cas de fournir le matériel et de former des moniteurs auprès des maîtres. Les leçons de l'expérience envisagée à l'heure actuelle seront précieuses et il n'est pas interdit de voir loin.

Il va sans dire que l'enseignement ne saurait se limiter aux sciences (cependant, soyez savants). Il doit aussi ouvrir l'imagination des enfants et leur fournir les moyens de penser (soyez surtout lucides), afin qu'eux-mêmes s'instaurent prophètes, là où le sort et la volonté les assigneront. Des prophètes, des annonciateurs de paix, nous en avons rencontré en de multiples lieux parmi les enseignants, les personnels soignants, les frères aînés des banlieues et parfois chez les intellectuels. Nous ne nous comptons pas nous-mêmes dans leur nombre et refermons ici ce livre, qui fut simplement notre compte rendu de veilleurs.

« Seule la science peut résoudre les problèmes que posent la faim et la pauvreté, l'insalubrité et l'analphabétisme, la superstition et les coutumes et traditions paralysantes, le gaspillage des ressources, le peuplement d'un pays riche par des hommes qui meurent de faim... Qui donc pourrait se permettre d'ignorer la science aujourd'hui ? À chaque instant, nous devons rechercher son aide... L'avenir appartient à la science et à ceux qui s'en veulent les amis ! »

Jawaharlal NEHRU (1889-1964)
premier Premier ministre de l'Inde indépendante

TABLE

Introduction 9

PREMIÈRE PARTIE
SCIENCE

Chapitre 1 **Souvenirs de genèse**	15
Révélations nouvelles sur l'âge paléolithique	16
Calendrier universel	17
Du bon usage des démiurges	22
L'homme II : le néolithique	24
Du champ de blé aux empires	28
L'homme III	30
Un échec ?	33
Chapitre 2 **La clef de la modernité :**	
La seconde mutation humaine	37
Le débat sur l'origine de la modernité	38
L'histoire curieuse d'un mathématicien	42
Les expériences de pensée	44
Le rôle de la rationalité	45
Les autres causes	48
La science intériorisée	50
La Terre tourne	51
L'homme après Darwin	58
Chapitre 3 **Des lois extra-humaines**	61
Ce silence m'effraie	62
Parlons des lois	67
Quelques caractères des lois	69
Des lois subtiles	71

Chapitre 4 Le jeu d'Écoute-s'il-pleut	75
Quelles sont les lois ?	77
Un jeu quantique	80
Le hasard quantique	89
Les lois quantiques	96
Chapitre 5 Le palais des lois	103
Le palais des lois	105
Premier discours d'Écoute	108
Les lois créent	111
La liberté quantique	114
La liberté des possibles	116
Écoute se dévoile	119
Chapitre 6 La transmutation des lois	123
Le chat de Schrödinger	126
La décohérence	129
La transmutation des lois	133
Chapitre 7 La question de la liberté	139
La question du libre arbitre	141
Critique de la thèse	142
Un cas comparable	145

DEUXIÈME PARTIE

SCIENCE, PHILOSOPHIE ET RELIGION

Chapitre 1 Entre science et philosophie	151
La modernité, jusqu'à la philosophie des Lumières	152
Hume	155
Kant et la question de la raison	159
Nietzsche	163
Les contretemps de la science	167
Heidegger	168
En manière de conclusion	170

Chapitre 2 **Le sens de tout cela**	173
Fais-moi un Univers	177
Et la religion ?	181
Les composantes de la religion	182
Sens et pensée	186
Chapitre 3 **Un rêve inspiré**	193
La religion juive	194
Le christianisme	198
L'islam	199
Chapitre 4 **Science et religions**	203
Science et religion en Europe	203
La science et le monde musulman	206
Pour l'esprit de religion…	209
… contre les religions	210

TROISIÈME PARTIE
POUR UNE ÉDUCATION AU XXIᵉ SIÈCLE

Chapitre 1 **Science et société**	215
Des flots de sang	217
Le sort des Juifs	220
Une théorie des choix collectifs	225
Chapitre 2 **La terreur**	233
Les armes nucléaires	233
Le bioterrorisme	236
Que faire contre le terrorisme ?	239
La vulnérabilité des invulnérables	242
Chapitre 3 **Une éducation pour la paix**	245
La plasticité des cerveaux d'enfant	247
L'alphabétisation scientifique des enfants de la planète	247
Un extrait d'*Enfants, Chercheurs et Citoyens*	250
« La Main à la pâte »	259

Dans la collection « Poches Odile Jacob »

N° 1 : Aldo Naouri, *Les Filles et leurs mères*
N° 2 : Boris Cyrulnik, *Les Nourritures affectives*
N° 3 : Jean-Didier Vincent, *La Chair et le Diable*
N° 4 : Jean François Deniau, *Le Bureau des secrets perdus*
N° 5 : Stephen Hawking, *Trous noirs et bébés univers*
N° 6 : Claude Hagège, *Le Souffle de la langue*
N° 7 : Claude Olievenstein, *Naissance de la vieillesse*
N° 8 : Édouard Zarifian, *Les Jardiniers de la folie*
N° 9 : Caroline Eliacheff, *À corps et à cris*
N° 10 : François Lelord, Christophe André, *Comment gérer les personnalités difficiles*
N° 11 : Jean-Pierre Changeux, Alain Connes, *Matière à pensée*
N° 12 : Yves Coppens, *Le Genou de Lucy*
N° 13 : Jacques Ruffié, *Le Sexe et la Mort*
N° 14 : François Roustang, *Comment faire rire un paranoïaque ?*
N° 15 : Jean-Claude Duplessy, Pierre Morel, *Gros Temps sur la planète*
N° 16 : François Jacob, *La Souris, la Mouche et l'Homme*
N° 17 : Marie-Frédérique Bacqué, *Le Deuil à vivre*
N° 18 : Gerald M. Edelman, *Biologie de la conscience*
N° 19 : Samuel P. Huntington, *Le Choc des civilisations*
N° 20 : Dan Kiley, *Le Syndrome de Peter Pan*
N° 21 : Willy Pasini, *À quoi sert le couple ?*
N° 22 : Françoise Héritier, Boris Cyrulnik, Aldo Naouri, *De l'inceste*
N° 23 : Tobie Nathan, *Psychanalyse païenne*
N° 24 : Raymond Aubrac, *Où la mémoire s'attarde*
N° 25 : Georges Charpak, Richard L. Garwin, *Feux follets et champignons nucléaires*
N° 26 : Henry de Lumley, *L'Homme premier*
N° 27 : Alain Ehrenberg, *La Fatigue d'être soi*
N° 28 : Jean-Pierre Changeux, Paul Ricœur, *Ce qui nous fait penser*
N° 29 : André Brahic, *Enfants du Soleil*
N° 30 : David Ruelle, *Hasard et Chaos*
N° 31 : Claude Olievenstein, *Le Non-dit des émotions*
N° 32 : Édouard Zarifian, *Des paradis plein la tête*
N° 33 : Michel Jouvet, *Le Sommeil et le Rêve*
N° 34 : Jean-Baptiste de Foucauld, Denis Piveteau, *Une société en quête de sens*
N° 35 : Jean-Marie Bourre, *La Diététique du cerveau*
N° 36 : François Lelord, *Les Contes d'un psychiatre ordinaire*

N° 37 : Alain Braconnier, *Le Sexe des émotions*
N° 38 : Temple Grandin, *Ma vie d'autiste*
N° 39 : Philippe Taquet, *L'Empreinte des dinosaures*
N° 40 : Antonio R. Damasio, *L'Erreur de Descartes*
N° 41 : Édouard Zarifian, *La Force de guérir*
N° 42 : Yves Coppens, *Pré-ambules*
N° 43 : Claude Fischler, *L'Homnivore*
N° 44 : Brigitte Thévenot, Aldo Naouri, *Questions d'enfants*
N° 45 : Geneviève Delaisi de Parseval, Suzanne Lallemand, *L'Art d'accommoder les bébés*
N° 46 : François Mitterrand, Elie Wiesel, *Mémoire à deux voix*
N° 47 : François Mitterrand, *Mémoires interrompus*
N° 48 : François Mitterrand, *De l'Allemagne, de la France*
N° 49 : Caroline Eliacheff, *Vies privées*
N° 50 : Tobie Nathan, *L'Influence qui guérit*
N° 51 : Éric Albert, Alain Braconnier, *Tout est dans la tête*
N° 52 : Judith Rapoport, *Le Garçon qui n'arrêtait pas de se laver*
N° 53 : Michel Cassé, *Du vide et de la création*
N° 54 : Ilya Prigogine, *La Fin des certitudes*
N° 55 : Ginette Raimbault, Caroline Eliacheff, *Les Indomptables*
N° 56 : Marc Abélès, *Un ethnologue à l'Assemblée*
N° 57 : Alicia Lieberman, *La Vie émotionnelle du tout-petit*
N° 58 : Robert Dantzer, *L'Illusion psychosomatique*
N° 59 : Marie-Jo Bonnet, *Les Relations amoureuses entre les femmes*
N° 60 : Irène Théry, *Le Démariage*
N° 61 : Claude Lévi-Strauss, Didier Éribon, *De près et de loin*
N° 62 : François Roustang, *La Fin de la plainte*
N° 63 : Luc Ferry, Jean-Didier Vincent, *Qu'est-ce que l'homme ?*
N° 64 : Aldo Naouri, *Parier sur l'enfant*
N° 65 : Robert Rochefort, *La Société des consommateurs*
N° 66 : John Cleese, Robin Skynner, *Comment être un névrosé heureux*
N° 67 : Boris Cyrulnik, *L'Ensorcellement du monde*
N° 68 : Darian Leader, *À quoi penses-tu ?*
N° 69 : Georges Duby, *L'Histoire continue*
N° 70 : David Lepoutre, *Cœur de banlieue*
N° 71 : Université de tous les savoirs 1, *La Géographie et la Démographie*
N° 72 : Université de tous les savoirs 2, *L'Histoire, la Sociologie et l'Anthropologie*
N° 73 : Université de tous les savoirs 3, *L'Économie, le Travail, l'Entreprise*

- N° 74 : Christophe André, François Lelord, *L'Estime de soi*
- N° 75 : Université de tous les savoirs 4, *La Vie*
- N° 76 : Université de tous les savoirs 5, *Le Cerveau, le Langage, le Sens*
- N° 77 : Université de tous les savoirs 6, *La Nature et les Risques*
- N° 78 : Boris Cyrulnik, *Un merveilleux malheur*
- N° 79 : Université de tous les savoirs 7, *Les Technologies*
- N° 80 : Université de tous les savoirs 8, *L'Individu dans la société d'aujourd'hui*
- N° 81 : Université de tous les savoirs 9, *Le Pouvoir, L'État, la Politique*
- N° 82 : Jean-Didier Vincent, *Biologie des passions*
- N° 83 : Université de tous les savoirs 10, *Les Maladies et la Médecine*
- N° 84 : Université de tous les savoirs 11, *La Philosophie et l'Éthique*
- N° 85 : Université de tous les savoirs 12, *La Société et les relations sociales*
- N° 86 : Roger-Pol Droit, *La Compagnie des philosophes*
- N° 87 : Université de tous les savoirs 13, *Les Mathématiques*
- N° 88 : Université de tous les savoirs 14, *L'Univers*
- N° 89 : Université de tous les savoirs 15, *Le Globe*
- N° 90 : Jean-Pierre Changeux, *Raison et Plaisir*
- N° 91 : Antonio R. Damasio, *Le Sentiment même de soi*
- N° 92 : Université de tous les savoirs 16, *La Physique et les Éléments*
- N° 93 : Université de tous les savoirs 17, *Les États de la matière*
- N° 94 : Université de tous les savoirs 18, *La Chimie*
- N° 95 : Claude Olievenstein, *L'Homme parano*
- N° 96 : Université de tous les savoirs 19, *Géopolitique et Mondialisation*
- N° 97 : Université de tous les savoirs 20, *L'Art et la Culture*
- N° 98 : Claude Hagège, *Halte à la mort des langues*
- N° 99 : Jean-Denis Bredin, Thierry Lévy, *Convaincre*
- N° 100 : Willy Pasini, *La Force du désir*
- N° 101 : Jacques Fricker, *Maigrir en grande forme*
- N° 102 : Nicolas Offenstadt, *Les Fusillés de la Grande Guerre*
- N° 103 : Catherine Reverzy, *Femmes d'aventure*
- N° 104 : Willy Pasini, *Les Casse-pieds*
- N° 105 : Roger-Pol Droit, *101 Expériences de philosophie quotidienne*
- N° 106 : Jean-Marie Bourre, *La Diététique de la performance*
- N° 107 : Jean Cottraux, *La Répétition des scénarios de vie*

N° 108 : Christophe André, Patrice Légeron, *La Peur des autres*
N° 109 : Amartya Sen, *Un nouveau modèle économique*
N° 110 : John D. Barrow, *Pourquoi le monde est-il mathématique ?*
N° 111 : Richard Dawkins, *Le Gène égoïste*
N° 112 : Pierre Fédida, *Des bienfaits de la dépression*
N° 113 : Patrick Légeron, *Le Stress au travail*
N° 114 : François Lelord, Christophe André, *La Force des émotions*
N° 115 : Marc Ferro, *Histoire de France*
N° 116 : Stanislas Dehaene, *La Bosse des maths*
N° 117 : Willy Pasini, Donato Francescato, *Le Courage de changer*
N° 118 : François Heisbourg, *Hyperterrorisme : la nouvelle guerre*
N° 119 : Marc Ferro, *Le Choc de l'Islam*
N° 120 : Régis Debray, *Dieu, un itinéraire*
N° 121 : Georges Charpak, Henri Broch, *Devenez sorciers, devenez savants*
N° 122 : René Frydman, *Dieu, la Médecine et l'Embryon*
N° 123 : Philippe Brenot, *Inventer le couple*
N° 124 : Jean Le Camus, *Le Vrai Rôle du père*
N° 125 : Elisabeth Badinter, *XY*
N° 126 : Elisabeth Badinter, *L'Un est l'Autre*
N° 127 : Laurent Cohen-Tanugi, *L'Europe et l'Amérique au seuil du XXI* siècle*
N° 128 : Aldo Naouri, *Réponses de pédiatre*
N° 129 : Jean-Pierre Changeux, *L'Homme de vérité*
N° 130 : Nicole Jeammet, *Les Violences morales*
N° 131 : Robert Neuburger, *Nouveaux Couples*
N° 132 : Boris Cyrulnik, *Les Vilains Petits Canards*
N° 133 : Christophe André, *Vivre heureux*
N° 134 : François Lelord, *Le Voyage d'Hector*
N° 135 : Alain Braconnier, *Petit ou grand anxieux ?*
N° 136 : Juan Luis Arsuaga, *Le Collier de Néandertal*
N° 137 : Daniel Sibony, *Don de soi ou partage de soi*
N° 138 : Claude Hagège, *L'Enfant aux deux langues*
N° 139 : Roger-Pol Droit, *Dernières Nouvelles des choses*
N° 140 : Willy Pasini, *Être sûr de soi*
N° 141 : Massimo Piattelli Palmarini, *Le Goût des études ou comment l'acquérir*
N° 142 : Michel Godet, *Le Choc de 2006*
N° 143 : Gérard Chaliand, Sophie Mousset, *2 000 ans de chrétientés*
N° 144 : Alain Bentolila, *Tout sur l'école*

- N° 145 : Christian de Duve, *À l'écoute du vivant*
- N° 146 : Didier Pleux, *De l'enfant roi à l'enfant tyran*
- N° 147 : Robert Rochefort, *Vive le papy-boom*
- N° 148 : Dominique Desanti, Jean-Toussaint Desanti, *La liberté nous aime encore*
- N° 149 : François Roustang, *Il suffit d'un geste*
- N° 150 : Howard Buten, *Il y a quelqu'un là-dedans*
- N° 151 : Catherine Clément, Tobie Nathan, *Le Divan et le Grigri*
- N° 152 : Antonio R. Damasio, *Spinoza avait raison*
- N° 153 : Bénédicte de Boysson-Bardies, *Comment la parole vient aux enfants*
- N° 154 : Michel Schneider, *Big Mother*
- N° 155 : Willy Pasini, *Le Temps d'aimer*
- N° 156 : Jean-François Amadieu, *Le Poids des apparences*
- N° 157 : Jean Cottraux, *Les Ennemis intérieurs*
- N° 158 : Bill Clinton, *Ma vie*
- N° 159 : Marc Jeannerod, *Le Cerveau intime*
- N° 160 : David Khayat, *Les Chemins de l'espoir*
- N° 161 : Jean Daniel, *La Prison juive*
- N° 162 : Marie-Christine Hardy-Baylé, Patrick Hardy, *Maniaco-dépressif*
- N° 163 : Boris Cyrulnik, *Le Murmure des fantômes*
- N° 164 : Georges Charpak, Roland Omnès, *Soyez savants, devenez prophètes*
- N° 165 : Aldo Naouri, *Les Pères et les Mères*
- N° 166 : Christophe André, *Psychologie de la peur*
- N° 167 : Alain Peyrefitte, *La Société de confiance*
- N° 168 : François Ladame, *Les Éternels Adolescents*

Ouvrage publié sous la responsabilité
éditoriale de Gérard Jorland.

Cet ouvrage a été transcodé et mis en pages
chez Nord Compo (Villeneuve d'Ascq)

Impression réalisée sur Presse Offset par

BRODARD & TAUPIN

GROUPE CPI

La Flèche (Sarthe), le 27-10-2005

N° d'impression : 31924
N° d'édition : 7381-1676-X
Dépôt légal : novembre 2005

Imprimé en France